essentials

essentials liefern aktuelles Wissen in konzentrierter Form. Die Essenz dessen, worauf es als „State-of-the-Art" in der gegenwärtigen Fachdiskussion oder in der Praxis ankommt. *essentials* informieren schnell, unkompliziert und verständlich

- als Einführung in ein aktuelles Thema aus Ihrem Fachgebiet
- als Einstieg in ein für Sie noch unbekanntes Themenfeld
- als Einblick, um zum Thema mitreden zu können

Die Bücher in elektronischer und gedruckter Form bringen das Expertenwissen von Springer-Fachautoren kompakt zur Darstellung. Sie sind besonders für die Nutzung als eBook auf Tablet-PCs, eBook-Readern und Smartphones geeignet. *essentials:* Wissensbausteine aus den Wirtschafts-, Sozial- und Geisteswissenschaften, aus Technik und Naturwissenschaften sowie aus Medizin, Psychologie und Gesundheitsberufen. Von renommierten Autoren aller Springer-Verlagsmarken.

Weitere Bände in der Reihe http://www.springer.com/series/13088

Ellen Flies

Embodiment und Emotionen im Coaching 4.0

Abschied von der Kopfgeburt

 Springer

Ellen Flies
CIB Coaching Institut Bonn
Bonn, Deutschland

ISSN 2197-6708   ISSN 2197-6716   (electronic)
essentials
ISBN 978-3-658-30807-0   ISBN 978-3-658-30808-7   (eBook)
https://doi.org/10.1007/978-3-658-30808-7

Die Deutsche Nationalbibliothek verzeichnet diese Publikation in der Deutschen Nationalbibliografie; detaillierte bibliografische Daten sind im Internet über http://dnb.d-nb.de abrufbar.

Planung/Lektorat: Eva Brechtel-Wahl
Springer ist ein Imprint der eingetragenen Gesellschaft Springer Fachmedien Wiesbaden GmbH und ist ein Teil von Springer Nature.
Die Anschrift der Gesellschaft ist: Abraham-Lincoln-Str. 46, 65189 Wiesbaden, Germany

Was Sie in diesem *essential* finden können

- Einen strategischen Coaching-Ansatz, der dem Körper und den Emotionen eine zentrale Bedeutung beimisst
- Etwas Theorie zu Embodiment, um diese Art des Arbeitens in der Führung 4.0 zu begründen
- Einen Einblick in das Coaching-Format SBEAT®
- Einen praktischen Coaching-Fall, der als roter Faden durch dieses *essential* führt und verdeutlicht, wie ein Coaching mit Embodiment funktioniert

Vorwort

Willkommen liebe Leserin und lieber Leser! Ich starte mit diesen Zeilen nach einem inspirierenden Sommerabend in privater Runde in einem schönen Garten in Bonn. Nach dem Essen landen wir bei verschiedenen Fragen: Was ist für uns wichtig und was brauchen wir, damit wir uns wohl fühlen, gesund leben und gut sterben können? War das Leben früher besser oder wird es heute mit der zunehmenden Digitalisierung leichter? Wie begegnen wir am besten den Herausforderungen der aktuellen VUKA-Welt, die durch Volatilität, Unsicherheit, Komplexität und Ambiguität gekennzeichnet ist?

Diese existenziellen Fragen haben nicht nur eine Relevanz für unser privates Leben. Vielmehr gilt, wer hierauf Antworten gefunden hat, wird auch im beruflichen Kontext den Anforderungen der VUKA-Welt und der Digitalisierung professionell und gelassen begegnen können und eine an diesen Anforderungen gereifte Führungspersönlichkeit ausbilden.

Wer bereits im disruptiven Umfeld der VUKA-Welt unterwegs ist, wird spüren, dass die bisherigen Führungsmodelle und Coachingansätze nicht mehr ausreichen. Schneller und innovativer heißt die heutige Devise, Agilität das Credo. Die Führungskräfte sollen die Leistung ihrer Mitarbeiter*innen maximieren und gleichzeitig professionelles Handeln in Lernumwelten etablieren, die eine Fehlerkultur ermöglichen. Der Einfluss von Führung auf die Gesundheit des Personals ist immens. Talente binden sich mehr an ihre Vorgesetzten als an das Unternehmen.

Die Fähigkeit, gelingende Beziehungen gestalten zu können, ist somit ein Aspekt, der in der modernen Führung einen zentralen Stellenwert einnehmen sollte. Hierfür braucht es das Coaching 4.0, das nicht nur dem digitalen Wandel gerecht wird, sondern das die Coaches mit psychologischer Expertise ausstattet, um den Führungskräften in Trainings und Weiterbildungen Merkmale für gute, authentische und in Beziehungen tragfähige Führung zu vermitteln.

Der Embodiment-Ansatz bietet Ihnen als Coach und auch als Führungskraft eine solche psychologische Expertise, mit der Sie Ihre vorhandenen Kenntnisse und Fähigkeiten weiter fördern und entwickeln können. Die Kernaussage des Embodiment lautet: Wir können über unsere Emotionen und unseren Körper auch unser Denken, Fühlen und Handeln beeinflussen und steuern. Und: Menschen sind immer emotional. Wir sind viel mehr über unsere Emotionen und unseren Körper in unseren Entscheidungen und in unserem Handeln geprägt als über unsere Ratio. Das gilt für unser Privatleben genauso wie für unseren Berufsalltag und ist im Bereich des Top-Managements bislang oft übersehen worden.

Den Embodiment-Ansatz sollten wir somit unbedingt im Coaching nutzen. Denn, wer als Coach Führungskräfte zu Experten ihrer eigenen Emotionen ausbildet, fördert die professionelle und gesunde Beziehungsgestaltung zwischen Führungskraft und Mitarbeiter*in. Durch gekonntes Embodiment der Emotionen lassen sich Beziehungen professioneller gestalten, regulieren und entwickeln. Entscheidungen können schneller und direkter getroffen werden und unsere Emotionen werden dabei als hocheffiziente Energielieferanten und schnellwirksame Ressourcen für Interaktionen und Führungsprozesse genutzt.

Zurück zum Anfang: Ein Abend mit Freunden in einem schönen Garten, Gastfreundschaft und Begegnung, Gespräch und Reflexion, Lachen, Spontanität sowie zunehmende Vertrautheit sind wahre Schätze, die zu Sinnerleben, Kreativität und Lebensfreude beitragen. Die Beziehung, die wir zu uns selbst und zu anderen aufzubauen in der Lage sind, ist nicht nur entscheidend für das persönliche Wohlbefinden, sondern ebenso für die psychologische Weiterentwicklung hin zu verbesserter Kommunikation, reduziertem Stress und schnelleren Entscheidungen im Rahmen von Coaching und Leadership 4.0. Wie es gelingt, diesen einfachen, jedoch nicht simplen Zusammenhang für innovatives Coaching in der VUKA-Welt nutzbar zu machen, möchte ich Ihnen in diesem kompakten Buch mit dem innovativen SBEAT®-Ansatz vorstellen.

Ellen Flies

Inhaltsverzeichnis

1 Einleitung 1

2 Embodiment und Emotionen im Coaching 4.0 3
    2.1   Das Coaching von Felix von B. 4
    2.2   Embodiment: Körper und Emotionen bilden eine Einheit 5
    2.3   Emotionen: Menschen sind immer emotional 7
    2.4   Alba Emoting: Emotionsaktivierung über den Körper 8

3 Der Strategisch-Behaviorale Ansatz 11
    3.1   Emotionale Überlebensstrategien als Führungsstrategien 12
    3.2   Primäre und sekundäre Emotionen 17

4 Das Coaching-Format SBEAT® 19
    4.1   Beschreibung der SBEAT®-Module 20
        4.1.1   Modul 1: Klären 20
        4.1.2   Modul 2: Präzisieren 23
        4.1.3   Modul 3: Handeln und Verändern 29

5 Ausblick 35

Literatur 39

Einleitung 1

In diesem *essential* lade ich Sie ein, mit mir gemeinsam einzusteigen in das SBEAT-Coaching® von Felix von B., an dessen Ende er Folgendes berichtet:

> „Die Entscheidung für den Karrieresprung nach meinem Herzinfarkt war genau richtig. Dass es mir in dem Zusammenhang gelungen ist, so erfreulich erfolgreiche Gehaltsverhandlungen zu führen, ist nur ein Aspekt. Der Rückzug aus dem operationalen Geschäft kommt einer Befreiung gleich. Meine Stärken gehören in den Bereich der Beziehungen und Empathie. Das kommt in meiner neuen Stelle, in der ich in internationalen und interdisziplinären Teams navigiere, deutlich zu Gute. Gleichzeitig sind der Vorstand ebenso wie ich selbst völlig überrascht, wie es mir viel leichter fällt, kritik- und durchsetzungsfreudig zu sein. Außerdem bin ich häufiger auf Dienstreisen, was irgendwie auch meine Abenteuerlust befriedigt. Ich habe viel mehr Spaß bei der Arbeit. Ich bin überzeugt, ich habe die richtige Entscheidung getroffen. Es hat mich einigen Mut gekostet. Und das geht eben nicht nur mit dem Kopf. Da heißt es Abschied von der Kopfgeburt!"

Schritt für Schritt werden Sie in den folgenden Kapiteln miterleben, wie Felix von B. seine Emotionen als hocheffektives Navigationssystem gerade in der persönlich wie beruflich turbulenten Zeit nach seinem Herzinfarkt zur wertvollen Ressource werden.

Die VUKA-Welt stellt hohe, mitunter ganz neue Anforderungen an Führung und Coaching. Hier werden Sie in Kap. 2 abgeholt. Es folgt ein Einstieg in das Coaching von Felix von B. als praktische Überleitung zu den zentralen Themen Embodiment, Emotionen und Alba Emoting™. So erfahren Sie, warum wir im SBEAT-Coaching® dem Körper und den Emotionen eine viel prominentere Rolle zuweisen als im Business Kontext üblich. Das Alba Emoting™, das im SBEAT-Coaching® (Kap. 4) praktisch zum Einsatz kommt, wird zu seiner theoretischen Einordnung bereits an dieser Stelle kurz beschrieben.

© Springer Fachmedien Wiesbaden GmbH, ein Teil von Springer Nature 2020
E. Flies, *Embodiment und Emotionen im Coaching 4.0,* essentials,
https://doi.org/10.1007/978-3-658-30808-7_1

In Kap. 3 führe ich Sie in den von Professor Serge Sulz bereits 1994 konzipierten und bis heute gut beforschten Strategisch Behavioralen Ansatz ein. Er ist neben der Embodiment-Perspektive tragende theoretische Säule für das SBEAT-Coaching. An unserem Fallbeispiel lernen Sie die Arbeit mit der Emotionalen Überlebensstrategie kennen. Ebenso das Konzept der primären und sekundären Emotionen. Mit dem Strategisch Behavioralen Ansatz lassen sich auf systematische Weise Führungsstile erfassen und Coaching-Ziele generieren. So auch für Felix von B.

In Kap. 4 präsentiere ich Ihnen die drei Module des SBEAT-Coaching® im Überblick. Ausgehend von den Erfahrungen, die Felix von B. gemacht hat, möchte ich Ihnen hier die Arbeitsweise möglichst plastisch und griffig nahebringen.

Schließlich erfolgt in Kap. 5 ein Ausblick. Natürlich nicht ohne zu erfahren, wie es im Leben von Felix von B. weiter gegangen ist.

Embodiment und Emotionen im Coaching 4.0

Wer in Zeiten der VUKA-Welt erfolgreich und nachhaltig Führungskräfte coachen will, benötigt mehr denn je ein psychologisches Verständnis darüber, wie unser Handeln funktioniert und begründet ist. Immer häufiger kommen Führungskräfte zum Coaching, die in disruptivem Umfeld arbeiten – einem Umfeld also, in dem es heiß hergeht, rasante Innovationen stattfinden und bestehende Märkte mitunter abrupt zerschlagen werden. Die Anforderungen an Führung in der VUKA-Welt sind hoch und mitunter völlig neu. Ebenso die an Coaches! Diese neue Art der Führung wird auch Führung 4.0 oder transformative Führung genannt. Entsprechend hat sich im Sprachgebrauch der Begriff Coaching 4.0 etabliert. Es gilt also für Führungskraft und Coach Kompetenzen zu entwickeln, die es ermöglichen, Zustände und Phasen großer Unsicherheit auszuhalten, konstruktiv zu bewältigen und nachhaltig zu gestalten. Planbarkeit war gestern! Erwartet wird, was sich unter dem Schlagwort Agilität subsummieren lässt. Führungskräfte sollen flexibel und insbesondere schnell agieren und entscheiden. Sie sollen eine günstige Fehlerkultur und Lernumwelt in immer heterogeneren Teams und flachen Hierarchien gestalten. Sie sollen authentisch und empathisch sein und bei all dem Stress auch noch gesund bleiben. Als Vision gilt die agile Organisation. Bestenfalls ist sie als lernende Organisation in der Lage, sich aus sich selbst heraus zu entwickeln und bestmöglich an die Bedürfnisse der Kunden zu adaptieren.

Grundvoraussetzung für eine solche Transformation zur agilen Organisation ist das agile Mindset der beteiligten Individuen (Hofert 2019), insbesondere der Top-Führungskräfte. Dabei betrifft das Mindset jedoch nicht nur eine Denk- und Handlungslogik, sondern gleichermaßen eine Emotions- wie Körperlogik. Die hohe Wirkung unserer Emotionen auf unser Denken und Handeln darf nicht unterschätzt werden. Das agile Mindset entsteht durch optimierte Emotionsregulation.

© Springer Fachmedien Wiesbaden GmbH, ein Teil von Springer Nature 2020
E. Flies, *Embodiment und Emotionen im Coaching 4.0*, essentials,
https://doi.org/10.1007/978-3-658-30808-7_2

Je besser der persönliche Zugang zu der Vielzahl der eigenen Emotionen, desto größer das zur Verfügung stehende Verhaltensrepertoire in kritischen Führungs- und Coachingsituationen.

Nach der theoretischen Einführung, steigen Sie hier mit mir ein in das Coaching von Felix von B. und erfahren Sie zunächst etwas zu seiner Person.

2.1   Das Coaching von Felix von B.

Einige Eckdaten: Felix von B., 46 Jahre, ist in leitender Funktion im HR-Bereich in einem Konzern der IT-Branche tätig. Die letzten beiden Jahre waren extrem anstrengend, zunehmende Digitalisierung, Stellenabbau, ein Change jagt den anderen. Er kommt einige Monate nach seinem Herzinfarkt aus eigenem Antrieb zum Coaching. Spontan berichtet er, er müsse dringend beruflichen Stress reduzieren, seiner Gesundheit insgesamt mehr Beachtung schenken. Er habe Angst vor erneutem Herzinfarkt. Deshalb habe er mit regelmäßigem Ausdauersport begonnen, seine Ernährung umgestellt und mit dem Rauchen aufgehört. In beruflicher Hinsicht stecke er irgendwie fest. Nach außen merke ihm keiner etwas an, aber innerlich fühle er sich extrem gestresst, teilweise wie erstarrt. Mitunter denke er darüber nach, alles hin zu schmeißen, um ein einfaches, entspanntes Leben zu haben. Privat sei er relativ ungebunden, (nicht verheiratet, keine Kinder), jedoch seit einem Jahr in fester Beziehung. In dieser „Gemengelage" habe ihm das Unternehmen im Rahmen fortschreitender Digitalisierung der Branche eine neue Position angeboten, verbunden mit Aufstieg, mehr Personalverantwortung und Einkommenszuwachs. Eine Position in unmittelbarer Nähe zum Vorstand.

Er erhoffe sich vom Coaching dringend Entscheidungshilfe. Einerseits wolle er raus aus dem „erschöpfenden Trott" seiner jetzigen Position, die er als ungemein anstrengend erlebe. Andererseits befürchte er, mehr Verantwortung könne noch mehr Stress bedeuten und das Risiko eines erneuten Herzinfarktes erhöhen. Er denke Tag und Nacht über all dies nach, schlafe schlecht, komme zu keinem Ergebnis.

Zu seinem beruflichen Werdegang berichtet er, nach dem Abitur zunächst Zivildienst, die eigentlich beste Zeit seines Lebens, da äußerst angenehm und sinnbringend, dann seine kaufmännische Ausbildung absolviert zu haben. Ein Studium sei nach wenig glanzvoller Schulzeit nicht infrage gekommen. Zudem habe er sich für zu faul und zu wenig talentiert gehalten. Die Aussicht auf ein geregeltes Leben mit beruflicher Sicherheit sei auch von Seiten seines konservativen Elternhauses gewünscht gewesen. Herr von B. gibt an, zwar ein besonders guter Grundschüler gewesen zu sein, jedoch im familiären Umfeld nahezu schwer erziehbar, weil zu wild und eigensinnig. So habe er bis zum zehnten Lebensjahr des Öfteren von seiner Mutter in den Keller weggesperrt werden müssen, um nicht „aus dem Ruder" zu laufen.

Heute blickt Felix von B. auf mehr als 20-jährige Betriebszugehörigkeit zurück und gilt als absoluter Experte auf seinem Gebiet. Er ist im Unternehmen hervorragend vernetzt, erfährt hohe Wertschätzung von Mitarbeitern und Kollegen, gilt jedoch bei Vorgesetzten als zu konfliktscheut, insgesamt nicht ausreichend „agil". Seine Verausgabungsbereitschaft ist hoch bei gleichzeitiger Resignationstendenz. Er hadert mit sich und seiner beruflichen Zukunft, sorgt sich parallel um seine Gesundheit und hofft, vom Coaching mehr Klarheit für seine berufliche Zukunft und sein weiteres Leben zu finden. Demnach steht Felix von B. vor emotional wie existenziell wichtigen Fragen. Es bedarf also eines Coachings, das nicht einseitig auf Wissensvermittlung oder kognitiver Beratung fokussiert. Benötigt wird ein Coaching, das es ermöglicht, Felix von B. wertschätzend und genau in seiner aktuellen emotionalen Verfassung zu begegnen, um ihn im weiteren Prozess dabei zu unterstützen, die gewünschte Klarheit zu finden. Diese pragmatische Arbeit mit Emotionen im Coaching ist neurowissenschaftlich begründet. Explizit die Embodiment-Forschung bietet das geeignete wissenschaftliche Fundament für innovatives Coaching 4.0, wie es bei Felix von B. indiziert war.

2.2 Embodiment: Körper und Emotionen bilden eine Einheit

Embodiment, wörtlich übersetzt Verkörperung oder Verleiblichung, ist eine neue Richtung innerhalb der Kognitionswissenschaft, die belegt, dass wir über unseren Körper (Haltung, Mimik, Gestik, Atmung) Einfluss nehmen können auf unser Fühlen, Denken und Handeln. Eindrücklich zeigen Carney und Kollegen in ihrer Studie (2010), dass allein das Einnehmen einer machtvollen Körperhaltung für nur eine Minute, zu signifikanten Veränderungen im Körperinneren führt: signifikant mehr Testosteron (Machthormon), signifikant weniger Cortisol (Stresshormon) sowie erhöhte Risikobereitschaft. Der Körper darf demnach in seiner kausalen Wirkung auf unser Denken, Wahrnehmen und Handeln nicht unterschätzt werden.

Embodiment wird der Tatsache gerecht, dass der Großteil handlungs- und entscheidungsrelevanter Informationen aus dem nicht bewussten, vorsprachlichen, gigantischen Erfahrungsgedächtnis kommt. Dieses Erfahrungsgedächtnis ist über den Körper wahrnehmbar, dechiffrierbar und kann für Handeln und Entscheiden in der Führung nutzbar gemacht werden. Entsprechend dem Transformationsmodell der renommierten Neurowissenschaftler Roth und Ryba (2019) muss wirksames Coaching stets auf drei Ebenen stattfinden: Befindlichkeit, Verhalten und Körper.

Ist Embodiment also ein weiterer Beleg für die Bedeutung der Körpersprache? Absolut, jedoch nicht allein! Embodiment geht in seiner Bedeutung über den Aspekt der reinen Körpersprache hinaus. Unser Denken ist stets „verkörpert" – wir sprechen von „embodied cognition". Intelligente Prozesse sind demnach nicht ohne direkte Beteiligung des Körpers möglich. Dem Körper kommt hier die Rolle einer bedeutsamen Ressource zu: Kluge Ideen brauchen den Körper! Also ist die Vorstellung des Denkens als einer übergeordneten und unabhängigen Instanz falsch (Damasio 2015)! Vielmehr gehören Handlungsabsicht, dazugehörige Gefühlslagen und Denkstile sowie der passende Körperausdruck zu demselben neuronalen Netzwerk, sind also untrennbar miteinander verwoben.

Körper und Emotion bilden eine Einheit. Dieser Umstand hat auch wichtige Konsequenzen für unser Verständnis über das Verhältnis von Verstand und Emotion. Zur Verdeutlichung: Jegliche Botschaft aus der Umwelt wird zunächst über den Körper vermittelt (Barsalou 2016). In anderen Worten: jeder Stimulus bewirkt in erster Instanz eine Resonanz in unserem Körper und nicht in unserem Kopf. Deshalb ist es von unschätzbarem Wert für gelingende Kommunikation, Authentizität und ebenso für die in der VUKA-Welt dringend benötigte Resilienz und Agilität, die Signale in unserem Körperinnern wahrnehmen und dechiffrieren zu können. Diese Fähigkeit, auch Interozeptionsfähigkeit genannt, gilt es zu schulen. Denn erst in nachgeordneter zweiter Instanz werden Körperempfindungen zu Wahrnehmungen. Der Verstand kommt erst dann ins Spiel, wenn der Wahrnehmende sein konzeptuelles Wissen hinzufügt, um zu erfassen, welche Bedeutungen die Signale im Körperinnern haben.

In Konsequenz heißt das, unserem Körper und damit auch unseren Emotionen eine viel prominentere Rolle im Coaching zuzuweisen. Emotionale Selbstregulation findet eben nicht nur im Kopf statt (Lohr et al. 2017). Der Körper hat einen ganz wesentlichen Einfluss auf die Entwicklung optimierter Emotionsregulation. Diese ist gleichzeitig wichtiger Resilienzfaktor (Heller 2019) und zugleich Grundvoraussetzung für gelingende Kommunikation und weiter noch – für gelingende Beziehungen. Wer hier investiert, investiert in Agilität.

Zurück zu Felix von B. Er bringt sein emotionales Thema so auf den Punkt: „Ich habe einfach wahnsinnig Angst, dass ich wieder einen Herzinfarkt erleide. Ich möchte nicht leichtfertig mit meiner Gesundheit umgehen. Auch habe ich Angst, in der digitalen Welt nicht zu bestehen." Alles andere beschreibt er irgendwie als „Stress!". Die Arbeit im Coaching, in der mit der Embodiment-Perspektive regelmäßig zwischen körperorientierter und reflexiver Arbeit gependelt wird, sollte ihm dabei helfen, jenen „Stress", den er besonders stark spürte, wenn er wie jetzt eine komplexe Entscheidung zu fällen hatte, aufzulösen. „Ich fühle mich regelrecht erstarrt und kann in alltäglichen beruflichen Situationen kaum adäquat reagieren. Ich habe keine Ahnung, wie ich aus diesem Hamsterrad aussteigen und die richtige Entscheidung treffen soll!"

2.3   Emotionen: Menschen sind immer emotional

Metaphorisch gleichen Emotionen den Wellen des Meeres. Sie kommen, und sie gehen. Mal sind sie kraftvoll und gleichmäßig, mal wild und stürmisch, mal sanft und beruhigend, oder sie berühren sich gegenseitig und entwickeln ganz neue Bewegungen. Mit seinem bekannten Zitat „Du kannst die Wellen nicht stoppen, aber du kannst lernen zu surfen", bringt der Begründer der Achtsamkeitsbewegung, John-Kabat Zinn (2013) das Wesentliche unserer Emotionen auf den Punkt: Emotionen sind einfach immer da, sie durchfluten uns und unseren Körper. Eine wesentliche Funktion von Coaching muss es deshalb sein, bei der anstehenden Lösungsfindung auch mit den Emotionen zu arbeiten. Anders ausgedrückt: das Surfen auf den Emotionen zu lernen. Denn unsere Emotionen energetisieren unser Handeln und liefern die notwendige Energie für das Erreichen von Zielen. Sie sind entsprechend als Ressource zu betrachten – und nicht als etwas Störendes, das es in den Griff zu bekommen oder gar zu eliminieren gilt. Sinnvoller ist es, Emotionen in ihrer Funktionalität zu verstehen und auf eine Unterscheidung in positive und negative Emotionen am besten ganz zu verzichten. So dient die Emotion der Traurigkeit dem Vollziehen eines Abschieds, die Angst der Vorsicht bis hin zur Flucht, die Wut dem Angriff und der Verteidigung, die Liebe der Annäherung und dem Aufbau inniger Bindung. Stolz, Scham und Schuld als selbstbezogene Emotionen haben ihre Funktion in Bezug auf Regeln, Werte und Normen. Sie spielen eine wichtige Rolle im Zusammenhang mit der Legitimation von Gruppenzugehörigkeit.

Neben der Tatsache, dass unser Körper und unsere Emotionen eine Einheit bilden, arbeitet unser emotionales System extrem schnell (LeDoux 2003) und zwar um ein Vielfaches schneller als unser rationales System. Das können wir im Coaching nutzen, insbesondere da die Forderung nach Schnelligkeit als Agilitätsfaktor eine so wichtige Rolle spielt (Flies 2019). Auch bewegen wir mit unseren Emotionen etwas in Millisekunden in anderen, bevor es uns bewusst wird. Insbesondere fördern Emotionen soziale Interaktionen durch Synchronisation der

Gehirnaktivität mit anderen Personen (Nummenmaa et al. 2012). Dabei scheint unsere Fähigkeit, emotionale Zustände bei anderen identifizieren zu können, sehr differenziert zu sein, wobei situative Charakteristika stark in die Bewertung einfließen (Skerry und Saxe 2015).

Ebenso wissenswert ist, dass jede Situation einer Person-Umwelt-Interaktion durch eine „Familie" unterschiedlicher Emotionen widergespiegelt wird (Fogel 2013). Gerade dieser Punkt wird im Coaching von Felix von B. noch sehr bedeutsam sein. Konkret werden Sie dies am Beispiel einer problematischen beruflichen Situation erfahren, die in Kap. 4 ausführlich besprochen wird. Es wird deutlich, wie schnell mithilfe des Körpers, eine ganze „Emotionsfamilie", also ein Bündel verschiedener Emotionen durch eine Momentaufnahme aktiviert werden kann.

Zusammenfassend können die neurowissenschaftlichen Erkenntnisse aus Embodiment- und Emotionsforschung gewinnbringend im Coaching genutzt werden. So auch im SBEAT®, das ich Ihnen in Kap. 4 vorstelle. Denn – wer seine Emotionen gut wahrzunehmen, zu managen und zu regulieren vermag, fördert die Ausschüttung von Hormonen und Neurotransmittern, die eine positive Auswirkung auf das Führungsverhalten haben. Wer zum „Experten" seiner eigenen Emotionalität avanciert, investiert nicht nur seine Resilienz, er führt in der Folge geschickter zwischen Empathie und Macht, reguliert sowohl sich selbst als auch seine Beziehungen professioneller und agiert in komplexen Führungssituationen schneller und effizienter. Als Nebeneffekt tut er zudem auch etwas für die eigene Gesundheit und reduziert Stress!

Beherzigen wir die neue aus dem Embodiment-Ansatz stammende Sichtweise auf Emotionen, müssen Coaching-Formate, die vornehmlich an unseren Kognitionen, Gedanken, Bewertungen und Einstellungen ansetzen, neu gedacht und um die gezielte Arbeit mit unseren Emotionen ergänzt werden. Wie kann ein solches neues Coaching-Format, indem nicht nur über etwas geredet, sondern wirklich etwas gefühlt wird, aussehen? Lesen Sie im nächsten Abschnitt über das Alba Emoting™, einem wichtigen Bestandteil im SBEAT®. Alba Emoting™ betrifft den körperlichen Ausdruck von Basisemotionen wie Angst, Freude, Liebe, Ärger und Traurigkeit.

2.4 Alba Emoting: Emotionsaktivierung über den Körper

Die wissenschaftlichen Untersuchungen von Susana Bloch (2017) über die Physiologie der Emotionen führten bereits in den 1980er Jahren zur Entwicklung von Alba Emoting™. Es ist das besondere Verdienst von Susana Bloch, dass sie sich gemeinsam mit Pedro Orthous und Guy Santibanez in einer Zeit, in der Emotionen als in der Psychologie drittklassige Phänomene behandelt wurden, deren wissenschaftlicher Untersuchung widmete (Bloch et al. 1987). Heute ist das Thema in Therapien der „dritten Welle" und im Coaching 4.0 aktueller denn je.

Mit Alba Emoting™ kann jeder Mensch, unabhängig von seiner Herkunft oder Kultur auf erstaunlich einfache Weise kontrolliert universale Basisemotionen (Wut, Traurigkeit, Angst, Freude, zärtliche und erotische Liebe) erleben. Dies geschieht über spezifische Atemmuster – sogenannte „emotional effector patterns". Auch gelingt es über die Atmung wieder in einen neutralen emotionalen Zustand zurückzukehren. Das Alba Emoting™ betrifft den körperlichen Ausdruck von Gefühlen, ohne dabei psychologisch-kognitive Aspekte zu berücksichtigen. Der Fokus der Aufmerksamkeit zentriert sich auf die physikalischen und physiologischen Aspekte der Emotion, in dem Moment, in dem die Emotion auftritt, und setzt sie dann erst in Verbindung mit dem, was die Person fühlt. Das heißt: Wir können durch spezifische, physikalische Aktionen (Atmung, Haltung, Gesichtsausdruck) einen emotionalen Zustand willentlich induzieren – und zwar ohne jegliche reale oder imaginierte externe Situation. Die Konfrontation mit Emotionen über den Körper ist hochwirksam und von nachhaltiger Wirkung. Die Fähigkeit, langfristig eigene Emotionen und auch die anderer differenzierter wahrnehmen zu können, verbessert sich. Es entsteht mehr Bewusstheit über die eigene Emotionalität. Die emotionale Aktivierung über den Körper hilft dabei, auch die motivationale Wirkung der Emotionen zu erfahren. Dies ist bei der Entwicklung weiterer Ziele im Coaching extrem wichtig. Denn die vitalisierende Kraft von Emotionen kann für das Entwickeln und Etablieren von neuem Führungsverhalten genutzt werden. Auch die Begegnung mit vermiedenen Emotionen wird mithilfe des Körpers einfach und schnell möglich. Alba Emoting™ ist Embodiment in Reinform!

Besonders spannend erlebte Felix von B. am zweiten Tag des SBEAT®-Gruppen-Coachings die Arbeit mit dem Alba Emoting™. Insbesondere das Atemmuster, das zu Wut gehört, verblüffte ihn. Der Anleitung der Gruppenleitung folgend führte er das Atemmuster aus. Nach kurzer Zeit nahm er intuitiv eine leicht nach vorn gebeugte Haltung ein, spannte seine Körper stärker an, fixierte einen Gegenstand im Raum. „Da entsteht richtig Power – ich möchte nach vorne brechen!"

In weiteren Übungen mit der Gruppe gelang es ihm mit verschiedenen Intensitäten dieses kraftvollen Ausdrucks zu variieren und mit Haltung wie Stimme zu synchronisieren. Nie hätte er vermutet, dass so viel Kraft in ihm steckt, nie hatte er die Erfahrung gemacht, dass das körperliche Erleben, ausgelöst durch den Wutpattern so lustvoll sein kann. „Da könnte ich ja Bäume ausreißen!" Nicht im Traum hätte er diesen neu entdeckten Zustand mit Wut assoziiert. Mehr und mehr wurde ihm auch durch die Rückmeldungen der Teilnehmerinnen klar, dass seine Angst als dominierender Begleiter in seiner jetzigen Situation ihn zu stark ausbremst. So kann er sein Potenzial nicht entfalten und auch nicht das Leben leben, das er sich wünscht. Die vitalisierende Kraft der Wut ist ja durchaus auch funktional und hilft dabei, anstehende Veränderungen zu meistern, machtvoller aufzutreten oder einen Standpunkt überzeugend zu vermitteln. Auch brachte ihm das Ausführen des Wutpattern im Anschluss eine angenehme Entspannung. Das Feedback der Gruppe führte zu einer insgesamt neuen Bewertung über die Funktionalität von Wut und förderte konstruktive Ideen über Möglichkeiten eines souveränen Umgangs mit dieser stark vitalisierenden Emotion gerade im Kontext seiner Führungsaufgaben.

Differenziertere Hypothesen über das Zusammenspiel von Angst und Wut entwickelte Felix von B., als er seine persönliche emotionale Überlebensstrategie formulierte. Erfahren Sie mehr dazu im nächsten Kapitel über den Strategisch-Behavioralen-Ansatz.

Der Strategisch-Behaviorale Ansatz 3

Ob Sie es glauben oder nicht, kein Mensch tut etwas, ohne dass er etwas davon hat! Verhalten ist stets funktional. So lautet eine zentrale Grundannahme der Verhaltenstherapie. Darüber hinaus integriert der in der kognitiven Verhaltenstherapie verwurzelte Strategisch-Behaviorale Ansatz (Sulz 1994) die Grundannahme, dass jegliches Verhalten der Befriedigung zentraler Bedürfnisse dient. Handeln, so ist die Annahme, wird stets dadurch motiviert, dass Bedürfnisse befriedigt werden wollen, um Homöostase zu erreichen und aufrechtzuerhalten. Dabei unterscheiden wir grundsätzlich zwischen Bedürfnissen nach Bindung und Bedürfnissen nach Autonomie. Sulz (1994, 2017) fand auf empirischen Weg folgende Differenzierung der Bedürfniskategorien:

Bedürfnisse nach Bindung sind:

- Willkommen sein
- Geborgenheit, Wärme
- Schutz, Sicherheit, Zuverlässigkeit
- Liebe, Zuneigung
- Verständnis
- Wertschätzung, Bewunderung, Lob

Bedürfnisse nach Autonomie sind:

- selbst machen, selbst können
- Selbstbestimmung
- Grenzen gesetzt bekommen
- Gefördert und gefordert werden
- ein Vorbild haben

© Springer Fachmedien Wiesbaden GmbH, ein Teil von Springer Nature 2020   11
E. Flies, *Embodiment und Emotionen im Coaching 4.0,* essentials,
https://doi.org/10.1007/978-3-658-30808-7_3

- Intimität, Hingabe, Erotik
- ein Gegenüber zur Auseinandersetzung haben

Führungskräfte, die zum Coaching kommen, unterscheiden sich darin, welche Bedürfnisart bei ihnen stärker ausgeprägt ist. Die Emotionale Überlebensstrategie ermöglicht eine Aussage hierzu und lässt auf den Führungsstil schließen.

3.1   Emotionale Überlebensstrategien als Führungsstrategien

Menschen wollen nicht nur physisch, sie wollen und müssen auch emotional überleben. Im Laufe ihrer Lern- und Lebensgeschichte entwickeln sie deshalb Modi möglichst optimaler Bedürfnisbefriedigung. „Im Laufe der Evolution wurden die angeborenen und automatischen Fähigkeiten zur Steuerung der Lebensprozesse – die homöostatischen Mechanismen – immer raffinierter" (Damasio 2005, S. 41). Die Gesamtheit dieser Steuerungen fasst Damasio mit dem Begriff der Homöostase zusammen. Auf der niedrigsten Ebene homöostatischer Steuerung finden wir Stoffwechsel, Reflexe, Immunsystem. Auf der darüber liegenden Ebene finden wir Annäherung und Vermeidung (Schmerz- und Lustverhalten). Auf der nächsthöheren Ebene finden wir Antriebe und Motivationen. Und an der Spitze finden wir Emotionen und Gefühle. Damit wir mit unserem Verhalten wirksam Homöostase bewirken, bedarf es eines möglichst optimalen Zusammenspiels dessen, was Sulz (1994) als „autonome Psyche" und „willkürliche Psyche" bezeichnet. Gemeint sind unbewusst, völlig automatisiert von unserem „impliziten System" gesteuerte versus bewusst und rational von unserem „expliziten System" (Grawe 2000) gesteuerte Prozesse. Mithilfe dieser Prozesse werden geeignete Annäherungs- und Vermeidungsstrategien als Verhaltensstrategien entwickelt, die bestmögliche Bedürfnisbefriedigung gewährleisten und gleichzeitig das Ausmaß frustrierender Erfahrungen und Ängste auf ein Minimum reduzieren, also ideale Hmöostasezustände. Solche Prozesse, die sich zunächst auf spezifische Situationen der Lernumwelt beziehen, generalisieren im Laufe des Lebens. Ihre wesentlichen Merkmale lassen sich mithilfe der „Emotionalen Überlebensstrategie" zusammenfassen. Sie bildet das Kernstück des Strategischen Ansatzes und postuliert bestmögliche Passung an die Umwelt.

Nicht selten ist die Lernumwelt jedoch nicht zu 100 % ideal. Kinder lernen dann, sich so an die gegebenen Bedingungen anzupassen, dass die ihnen die Bedürfnisbefriedigung wenigstens so gut wie möglich gelingt. Insofern bringen

Emotionale Überlebensstrategien uns bestmöglich durch unser Leben und sind häufig lange funktional. Sie lassen uns bestimmte Verhaltensweisen, die erfolgreich bei der Bedürfnisbefriedigung waren, wiederholen und automatisieren. Andere Verhaltensweisen, die nicht das erwünschte Ziel erbrachten oder sogar negative Konsequenzen nach sich zogen, wurden wieder „verlernt".

So hat Felix von B. als Kind gelernt, dass es gefährlich ist, sich in seiner Familie „wild und ungestüm" zu verhalten. Hier hatte er mit für ihn emotional lebensbedrohlichen Konsequenzen zu rechnen.

Jeder Mensch, also auch Führungskräfte, lernen in der Beziehung zu wichtigen Bezugspersonen Modi der Bedürfnisbefriedigung zu entwickeln, die selbst unter schwierigen Bedingungen möglichst optimal sind. Diese Modi sind in völlig automatisiert ablaufenden kognitiv-affektiven Strategien auch in unseren Gehirnen repräsentiert. Sie sind das Ergebnis der Lern- und Lebensgeschichte und prägen den Führungsstil. Emotionale Überlebensstrategien sind somit auch als emotionale Führungsstile zu verstehen. Sie sind sehr änderungsresistent, da über Jahre erprobt und automatisiert und deshalb oft nicht unmittelbar über Sprache und Verstand (top-down) direkt erfassbar.

In einer simplen wie genialen vierzeiligen Syntax bringt Sulz bereits 1994 diese komplexen Zusammenhänge auf den Punkt:

Syntax der Emotionalen Überlebensstrategie:

- Nur wenn ich immer …. (gezeigtes Verhalten)
- und wenn ich niemals … (verbotene Impulse und Emotionen)
- dann bewahre ich mir … (zentrales Bedürfnis)
- und verhindere … (zentrale Angst)

Der Strategische Ansatz ist im Coaching über viele Jahre etabliert und hat sich aus der renommierten Strategisch Behavioralen Therapie (SBT) entwickelt (Sulz und Burkhardt 2014; Hauke et al. 2017). War es zunächst üblich, die Emotionale Überlebensstrategie mit speziell zu diesem Zweck entwickelten strukturierten Fragebögen zu erarbeiten, generieren wir sie im SBEAT®, unter der Embodiment-Perspektive (vgl. Kap. 2), mit emotionsaktivierenden Methoden anhand konkreter Situationen aus dem Führungsalltag der Teilnehmenden. Theoretisch bedienen wir uns dabei der Fähigkeit unseres Gehirns zur Simulation. Diese Fähigkeit zeigt sich darin, dass es mit imaginativen Techniken gelingt, dass sich die Führungskraft in der Coaching-Sitzung sehr ähnlich fühlt, wie in der realen Situation im Unternehmen. Diese Ähnlichkeit im Erleben wird erreicht, indem auf Körper -und Sinnesempfindungen fokussiert wird. So werden real erlebte Situationen aus dem Unternehmensalltag sprichwörtlich „in den Coaching-Raum geholt".

Sie können sich das so vorstellen:

Mit dem Ziel, einen ersten Entwurf seiner Emotionalen Führungsstrategie zu generieren, entscheidet sich Felix von B. am Ende des 2. Tages des SBEAT® (Modul 1) mit einer für ihn kritischen Situation während eines 360° Feedback Gesprächs zu arbeiten. Er hatte die Szene vor einiger Zeit mit seinem Vorstand erlebt. Wir bearbeiten sie systematisch mit Achtsamkeit (siehe auch Kap. 4) und szenischer Imaginationstechnik in Einzelarbeit vor der Gruppe wie folgt:

Körperfokus durch Achtsamkeit (zu Achtsamkeit siehe Kap. 4, Modul 1)
„Fokussieren Sie sich zunächst auf Ihre Atmung. Beobachten Sie, wie der natürliche Fluss Ihrer Atmung im Moment ist. Beobachten Sie, wie Sie einatmen und ausatmen. Auch wenn Sie jetzt einige Geräusche im Hintergrund wahrnehmen, Gedanken oder Bilder in Ihnen auftauchen – kehren sie immer wieder zurück zu ihrer Atmung und beobachten Sie, wie Sie einatmen und ausatmen. Kehren Sie einfach immer wieder zurück zu Ihrer Atmung."

Szenische Imagination

„Beschreiben Sie mir nun die Situation während des Feedback Gesprächs. Wie lange liegt das nun zurück? An welchem Tag war es genau? Zu welcher Tageszeit? Wie war das Wetter? Welche Kleidung trugen sie? Wenn Sie nun eintreten in das Büro, wie sah es dort aus? Wie war das Licht? Was sehen Sie? Was hören Sie? Was riechen Sie? Beschreiben Sie die Einrichtung des Raumes? Wer ist anwesend? Was ist Ihr erster Eindruck? Wie begrüßen Sie sich? Beschreiben Sie nun den Beginn des Gesprächs und den weiteren Verlauf bis zum Ende der Szene. Achten Sie dabei auf Ihre Körperempfindungen. Schauen Sie sich alles noch einmal an, wie einen Film und beobachten Sie, in welchem Moment der Szene Sie die stärkste körperliche Beteiligung spüren."

Identifizieren des Momentes mit der stärksten körperlichen Beteiligung (Hot Spot)
Felix von B.: „…. Es ist dies der Moment, in dem mein Vorstand zu mir meint, er wünsche sich mehr Präsenz von mir am Standort Berlin. Die Kollegen vor Ort würden das erwarten. Als ich das höre, kann ich kaum atmen. Das ließ mich auch in der realen Situation verstummen und fühlt sich auch jetzt ganz ähnlich beklemmend in der Brust an. Es ist ein geradezu furchtbares Gefühl…"

Exploration zum Hot Spot
Coach: „Es scheint, es geht Ihnen um etwas sehr Wichtiges. Worin genau liegt in diesem Moment Ihre Anstrengung?"

Felix von B.: „Ich muss die Contenance bewahren, ich muss den Mund halten, ich muss für Harmonie sorgen, ich muss mich rechtfertigen."

Coach: „Das klingt in der Tat anstrengend. Und was darf Ihnen in diesem Moment auf keinen Fall passieren?"

Felix von B.: „Dass ich vor Wut platze! Sieht er denn nicht, wie viele Projekte ich übernommen habe; der spinnt doch! Wie soll ich bei all dem Stress noch mehr Präsenz in Berlin zeigen! Warum stellt er sich als mein Vorstand nicht hinter mich? Ich fasse es nicht."

Coach: „Können Sie sagen, was Sie in diesem Moment brauchen? Was ist Ihr Bedürfnis in diesem schwierigen Moment?"

Felix von B.: „Ich brauche Gerechtigkeit, Loyalität und einen Vorstand, der sich hinter mich stellt. Und ich brauche auch Anerkennung für meine Leistung, dass meine Leistung überhaupt gesehen wird…"

Coach: „Ich merke, in diesem Moment geht es um etwas ganz Wichtiges für Sie. Was möchten in Sie in jedem Fall verhindern? Wovor haben Sie Angst?"

Felix von B.: „Ich darf in dieser Situation nicht riskieren, meinen Job zu verlieren! Ich habe Angst, dass noch Schlimmeres passiert und er wütend wird auf mich."

Coach: „Schauen Sie sich die Situation noch einmal an. Welches Bild entsteht, welche Resonanz entsteht in Ihrem Körper? Was ist das für ein Gefühl?"

Felix von B.: „Ich spüre Enge in der Brust und einen Kloß im Hals, etwas von Erstarrung. Ich nenne es Angst."

Coach: „Kehren Sie nun zurück zu ihrer Atmung, beobachten Sie erneut für eine Weile (eine Minute) wie Ihre Atmung fließt und öffnen Sie jetzt wieder die Augen."

Anschließend erfolgt eine Neutralisierungsübung mit der Step-out-Technik aus dem Alba Emoting™, und dann ergänzt Felix von B. die Syntax der Emotionalen Führungsstrategie spontan auf dem Flip-Chart mit seinen eigenen Worten. Dieser Prozess wird vom Coach moderiert. Dann erfolgt das Feedback der Coaching-Gruppe.

- Nur wenn ich immer
  „… angepasst und ausgleichend bin, mache was erwartet wird, kompetent bin, nett und höflich bin, verständnisvoll bin, mein Bestes und vollen Einsatz gebe"
- und wenn ich niemals
  „… wütend oder zu stark werde, mich durchsetze, Stellung beziehe"
- dann bewahre ich mir
  „… meine guten Beziehungen, meine berufliche Sicherheit."
- und verhindere
  „… zu versagen, zu scheitern, ausgeschlossen zu werden, meinen Job zu verlieren, Gegenaggression."

Felix von B. war spontan erschüttert, wie klar seine Emotionale Führungsstrategie seine innere Struktur abbildete, und wie sehr er ihrem Griff ausgeliefert war. Rasch wurde ihm klar, dass es an ihm war, zu entscheiden, ob er sich dahin entwickeln wolle, stärker zu kämpfen und sich weiter zu entwickeln, verbunden mit mehr Durchsetzung, Entscheidungsfreude, mehr beruflichem Erfolg. Oder ob er es vorzog, sich in seiner Komfortzone irgendwie geschickter einzurichten, indem er für die oft zitierte bessere Work-Life-Balance sorgte, also weniger arbeitete und das Job-Angebot ablehnte. Felix von B. befand sich zu Beginn des Coachings an einem kritischen Punkt: Möchte er an dieser Stelle ein Handeln entgegen seiner mitgebrachten Emotionalen Überlebensstrategie und damit eine bedrohliche Destabilisierung des bisherigen individuellen Selbst- und Weltbildes riskieren? Wird er eine Veränderung bzw. Weiterentwicklung seines Selbst und eine notwendige Akkommodation wagen? Dies würde bedeuten, gegen den Griff seiner emotionalen Überlebensstrategie zu handeln.

Offensichtlich ist Felix von B. mit seiner Strategie in beruflicher Hinsicht recht weit gekommen. Sein Führungsstil ist „kumpelhaft", sein Bindungsbedürfnis dominierend. Dieses Schema war lange funktional. Nun scheint jedoch eine Situation eingetreten, wo sich innere und äußere Bedingungen so stark verändern, dass hier die Strategie nicht mehr greift und dysfunktional wird. Die Umstände, sowohl persönlich gesundheitliche wie auch unternehmerische, erfordern mehr Toleranz von Unsicherheit. Es lässt sich gerade im disruptiven beruflichen Umfeld immer weniger steuern und kontrollieren. Das Angebot eines Karrieresprungs führt Felix von B. in eine ernsthafte Krise. Wie will er künftig leben? Was kann und will er sich zumuten? Die Erfahrung des Herzinfarkts steckte ihm noch deutlich in den Knochen und berührt ihn auf existenzielle Art. Und dies, obwohl ihm rational klar ist, dass er aus medizinischer Sicht nach erfolgreicher Koronarangiografie wieder belastbar ist.

Unterschiedliche Menschen haben mit unterschiedlichen Bedürfniskonstellationen und in unterschiedlichen Lernumwelten unterschiedliche Emotionale Überlebensstrategien entwickelt. Solche Strategien sind grundsätzlich wichtige Ressourcen auch im beruflichen Leben, wo sie den Führungsstil prägen. Allerdings können Situationen entstehen, insbesondere wenn sich die Umwelt rasch und tief greifend verändert, in denen sie dysfunktional werden. An genau solchen Punkten befinden sich häufig Führungskräfte, wenn sie sich zu einem Coaching entscheiden.

Auf der Basis solcher ausformulierten Emotionalen Führungsstrategien lassen sich nun Coaching Ziele im SBEAT® ableiten, die die Optimierung der Strategie zum Inhalt haben. Aus der Emotionalen Überlebensstrategie soll eine professionalisierte Führungsstrategie resultieren, die für verbessertes Wohlbefinden und gleichzeitig größeres Handlungsspektrum zu sorgen in der Lage ist. Im Falle von Felix von B. wird sie am Ende von Modul 1 konkretisiert und lautet:

- Ich erlaube mir öfter Erholung, meine eigenen Bedürfnisse und Standpunkte wahrzunehmen und auszudrücken, wohlwollender mit mir umzugehen.
- Ich werde häufiger meinen Ärger willkommen heißen, meinen Standpunkt vertreten und sogar meine Überlegenheit zeigen.
- Ich möchte lernen zu riskieren, dass es Konflikte gibt und sich Menschen von mir abwenden.
- Ich möchte mich dahin entwickeln, meine Angst auszuhalten, ausgeschlossen und allein zu sein und dennoch zu handeln

Diese neuen Regeln seiner Führung bedeuten den mutigen Versuch des Verstoßes gegen die automatisiert ablaufende Emotionale Überlebens- und Führungsstrategie. Aus entwicklungspsychologischer Sicht geschieht so Akkommodation (Schneider und Lindenberger 2018). Die neuen Erfahrungen haben nach Piaget ein modifiziertes Selbst- und Weltbild zur Folge. Erfolgreiches Coaching im SBEAT® geht entsprechend dem Strategischen Ansatz mit einer Optimierung und Flexibilisierung des Führungsstils einher. Kommen wir in diesem Zusammenhang zu einem weiteren wichtigen Konstrukt, das im Strategisch-Behavioralen Ansatz bedeutsam ist: primäre und sekundäre Emotionen.

3.2 Primäre und sekundäre Emotionen

Primäre Emotionen sind unmittelbare, spontane und angemessene Emotionen angesichts einer konkreten Situation, z. B. Freude und Stolz über eine Beförderung, Ärger über Kritik, über Ungerechtigkeit. Diese angemessenen und plausibel wirkenden primären Emotionen können unter Umständen nicht (mehr) bewusst wahrgenommen und gezeigt werden, da die völlig automatisiert und unbewusst ablaufenden Gebote und Verbote der Emotionalen Führungsstrategie dies verbieten (zweite Zeile der Syntax: „…und wenn ich niemals …"). In einem solchen Fall wurde im Laufe der Lerngeschichte erfahren, dass es der

bestmöglichen Bedürfnisbefriedigung dient, eine primäre Emotion zu über-
decken. Kommen wir zurück zu Felix von B., für den sich beispielhaft folgende
Reaktionskette konstruieren lässt:
Ein Beispiel aus dem beruflichen Leben von Felix von B.:

- Auslösende Situation: als ungerechte empfundene Beurteilung im 360°
  Feedback
- Primäre Emotion: Ärger/Wut
- Primärer Impuls (aus der primären Emotion heraus): wehrhaft den eigenen
  Standpunkt behaupten, dem Vorstand die Meinung sagen
- Antizipation (der gelernten Folgen) der intendierten Handlung: Ausschluss,
  Jobverlust
- Sekundäre Emotion (die dem primären Impuls entgegengerichtet ist): Angst
- Beobachtbares Verhalten: nichts sagen, grübeln, noch mehr Anstrengung

Im SBEAT® sollen Führungskräfte lernen – hier Felix von B. –, Zugang zu ihren
primären, oft ungeliebten oder vermiedenen Emotionen zu finden, also den Griff
ihrer automatisierten Führungsstrategie zu lockern, um so das eigene Handlungsspektrum zu erweitern, damit aus Überleben, Leben und gesunde Führung wird!

Wichtige Schritte hierbei sind das Wahrnehmen, Zulassen, Dosieren und
Verstehen der primären Emotion in ihrer Funktionalität und Kraft. Dies
geschieht nicht allein durch Reden, sondern hier hilft der Körper, wie bereits im
Zusammenhang mit dem Alba Emoting™ beschrieben wurde.

Im folgenden Kap. 4 stelle ich Ihnen das SBEAT® Gruppencoaching mit
seinen drei Modulen im Überblick vor. Sie erfahren am Fallbeispiel unseres
Protagonisten Felix von B., wie sich im Arbeitsschritt von Modul 2 anhand
konkreter problematischer Situationen aus dem unternehmerischen Alltag primäre
Emotionen mithilfe von Embodiment-Techniken schnell und nachhaltig eruieren
und für die Zielerreichung nutzen lassen (Modul 3).

Das Coaching-Format SBEAT® 4

Mit dem Strategisch Behavioral Emotionsaktivierenden Training SBEAT®
präsentiere ich Ihnen ein innovatives Coachingformat für Gruppen von sechs
bis acht Führungskräften. In seinen drei Modulen mit viermal zwei Kurstagen
wird, entsprechend aktueller Fakten aus der Hirn- und Embodiment-Forschung,
die um den Körper erweiterte Sichtweise von Kognition verwendet. Körper und
Emotionen werden somit in ihrer kausalen Wirkung auf Denken, Entscheiden und
Handeln verstanden.

Das SBEAT® verbindet den Strategischen Ansatz nach Sulz (Sulz 1994,
2017) mit seinem Kernelement der Emotionalen Überlebensstrategie, Achtsamkeit, Wertearbeit und das körperorientierte Alba Emoting™ (Bloch 1987,
2017) mit einem ganz neuen Tool in Modul 2. In diesem werden kritische
Situationen aus dem realen Führungsalltagserleben der Teilnehmenden, mit der
Embodiment-Perspektive konfrontiert und analysiert. So gewinnen die Teilnehmenden ein mitunter völlig neues Verständnis ihres Erlebens und erfahren
dabei, wie Körper, Emotionen, Denken, Entscheiden und Handeln eine untrennbare Einheit in ihrer Führung darstellen.

Die Arbeitsweise des SBEAT® ermöglicht Führungskräften einen schnellen,
umfassenden Zugang zu ihren Emotionen. Das ist wichtig für die erfolgreiche
Selbstregulation, wenn schnell Entscheidungen getroffen werden müssen. Ebenso
für die erfolgreiche Interaktionsregulation, wenn funktionale Beziehungen
gestaltet werden sollen.

Bei der Entwicklung des SBEAT® haben wir uns intensiv damit beschäftigt,
was Emotionsregulation praktisch bedeutet und wie wir gezielt zu gelingender
Emotionsregulation im Führungsalltag beitragen können, damit die immer
komplexer werdende Aufgabe Führung in der VUKA-Welt gelingt. Das macht
nicht nur Sinn, sondern auch Spaß. Die Arbeit mit Embodiment bringt Coach und

Coachee mental und körperlich in Bewegung. Deshalb lautet unser Motto „Minds in Action". Im SBEAT®-Ansatz werden Emotionen als Ressource in komplexen Führungssituationen analysiert und genutzt.

4.1   Beschreibung der SBEAT®-Module

Das SBEAT® ist ein „embodied leadership program" für Gruppen von Führungskräften. Bei der Zusammensetzung der Gruppe ist Heterogenität bzgl. Branche, Generation, Geschlecht, Nationalität, Profession, Art der Führungsposition wünschenswert, schon um die Realität von interdisziplinär arbeitenden Teams bestmöglich abzubilden. Wegen des hohen Selbsterfahrungsanteils der Arbeit sollte die Gruppengröße klein bleiben (6–8 Führungskräfte). So ist auch gewährleistet, dass es in Phasen der Einzelfallarbeit vor der Gruppe aufgrund zu langer Feedbackrunden nicht zäh und langatmig wird. Die Arbeitsrichtung des SBEAT® verläuft idealerweise top-down im Unternehmen und inside-out in der Person.

Das SBEAT® besteht aus drei aufeinanderfolgenden Modulen, wie in Tab. 4.1 dargestellt. Im Anschluss erfolgen Supervisionstermine zur Begleitung der erarbeiteten Projekte beim Transfer in den Führungsalltag.

4.1.1   Modul 1: Klären

Im Vorfeld des Trainings bitten wir die Teilnehmenden Bilder auszuwählen und mitzubringen, die sie „körperlich anspringen" und im weitesten Sinne das Thema Führung für sie symbolisieren. Die Einstiegsübung beginnt mit der Frage: „Wie hat Sie das mitgebrachte Bild körperlich berührt?" Im Anschluss herrscht regelmäßig überraschend große emotionale Offenheit. In einer Atmosphäre von lebendiger Neugier entsteht so große persönliche Wertschätzung unter den Teilnehmenden. Der Effekt dieser raschen Kohäsion liegt an der Arbeit mit den Bildern.

Felix von B. brachte drei Bilder, die ihn körperlich berührten und etwas mit seiner Idee von Führung zu tun haben mit zum ersten Modul.

- ein Bild von einer Holzhütte im Wald mit Weg und Fluss
- ein Bild von einem spanischen Dorfplatz mit Bodega im Sonnenuntergang
- ein Bild von einem Adler über einem Wald schwebend

Tab. 4.1 Überblick über die Module des SBEAT

Modul 1: Klären	
1. Ganztagstermin	Kernthemen: Bedürfnisse, Emotionen, Überlebens-strategie, Führungsstil • Emotionsaktivierung und Förderung der Gruppen-kohäsion über persönliche Bilder • Psychoedukation Emotionen • Achtsamkeitsübung zur Sensibilisierung für Körper-signale • Erste Klärung zentraler Bedürfnisse und Strategien der Bedürfnisbefriedigung über szenische Imagination
2. Ganztagstermin	Kernthemen: Bedürfnisse, Emotionen, Überlebens-strategie, erste Zieldefinition • Szenische Imagination einer Problemsituation bei anschließender Ausformulierung der emotionalen Überlebensstrategie • Praktizierte Emotionsregulation über den Körper mittels Alba Emoting™
Modul 2: Präzisieren 2 Ganztagestermine	Kernthema: Präzise Klarheit gewinnen über das emotionale Erleben in konkreten problematischen Führungssituationen • Szenische Imagination einer Problemsituation • Darstellung der Problemsituation mit Stellvertretern im Raum • Entwicklung eines persönlichen Emotionalen Ressourcen Pools (ERP), anschließend präzise Beschreibung einer Reaktionskette der Emotionen • Skulpturarbeit: Darstellung der verschiedenen Emotionen mit Stellvertretern im Raum
Modul 3: Handeln und Verändern 2 Ganztagestermine	Kernthema: Die Kraft der Emotionen nutzen, um ein persönliches Entwicklungsprojekt zu gestalten • Überlebensstrategie überwinden, Loslösen von dys-funktionalen Ängsten und Verboten • Wertearbeit • Auswahl geeigneter Emotionen, um ein persönliches „Entwicklungsprojekt" zu verwirklichen • Emotionale Verankerung des Projektes: Motto, Bewegung und Werthaltung • Supervision der Projekte

Seine Assoziationen abgeleitet aus den Bildern zu Führung waren:

- Führung bringt Ruhe ins Spiel, heißt Schutz, Freiheit. Als Führungskraft soll ich einen Weg vorgeben.
- Führung heißt Beziehung, auch mal ein Bier mit seinen Leuten trinken.
- Führung heißt den Wald vor Bäumen sehen können, Vogelperspektive einnehmen können, Überblick bewahren.

Die Bilder ermöglichen unmittelbaren Zugang zu unserem „heißen", schnell arbeitenden affektiven System. Darüber hinaus werden bereits Eckdaten der persönlichen und beruflichen Lebensgeschichte ersichtlich, Gewohnheiten der emotionalen Selbstregulation in der Führungsrolle, wichtigste Bedürfnisse und Werte. Vor diesem Hintergrund erfolgt nach einer Imaginationsübungen zu zentralen Bedürfnissen die Generierung einer ersten Arbeitshypothese für die eigene emotionale Überlebens- und Führungsstrategie.

Mithilfe der Embodiment-Perspektive erfolgt anschließend eine Einführung in die Funktionalität unserer Emotionen und daran anknüpfend dann achtsamkeitsbasierte Übungen nach John Kabat-Zinn (2013). Wir schulen von Beginn an die Interozeptionsfähigkeit, also die Fähigkeit, Prozesse, die im Körperinnern ablaufen, genau wahrzunehmen. Diese wird im Verlauf des gesamten Trainings von Bedeutung sein, denn nur so können wir die Hinweisreize unseres Körpers in komplexen Führungssituationen als zentrale Informationen nutzen lernen, z. B. um schneller und präziser entscheiden zu können.

Achtsamkeit bedeutet das direkte In-Kontakt sein mit der Erfahrung des Momentes. Es bedeutet, eigene Gedanken und Gefühle zu beobachten, ohne sie zu bewerten. Auch angesichts eigener Schwierigkeiten und Fehler sollen Erfahrungen angenommen und akzeptiert werden. Achtsam zu sein, ist demnach auch ein Sich-Nicht-Wehren gegen schmerzhafte und unangenehme Gefühle. Achtsamkeit hat vielfältige Wirkungen. Sie erhöht die Selbstaufmerksamkeit und schafft größere Bewusstheit. Sie vermag die Bedeutung eines Ereignisses von „gut" oder „schlecht" zu verändern hin zu einer „Es-ist-wie-es-ist-Haltung". Dabei geht es stets darum, nicht zu reagieren, sondern nur zu beobachten. So entsteht größere Distanz auch zu unangenehmen Zuständen und es kann eine neue, mitunter stimmigere Identifikation mit diesen Zuständen entstehen. Im Rahmen des SBEAT® stellt Achtsamkeit die Weichen dafür, dass Akzeptanz der aktuellen Führungssituation, sei sie noch so stressig oder unangenehm, als Basis für einen nachhaltigen Veränderungsprozess genutzt wird.

. Die Achtsamkeitsübungen bringen meist den angenehmen Nebeneffekt des zur Ruhekommens mit sich. Auch Felix von B. konnte sich gut auf das Erlernen und Üben einfacher Achtsamkeitsübungen einlassen.

Am zweiten Tag hat die Gruppe dann Gelegenheit mit dem Alba Emoting™ Emotionsregulation über den Körper in Reinform zu erleben.

Die Arbeit mit Alba Emoting™ habe ich immer wieder als beeindruckend und äußerst aktivierend erlebt. Es entstehen im Setting der Gruppe mitunter völlig neue Wahrnehmungen und Erfahrungen für jeden Einzelnen. Das Prinzip des Alba Emoting™ ist dabei so ergiebig, dass es ein eigenes Buch bräuchte, um die vielfältigen Übungsmöglichkeiten und Erfahrungen der Teilnehmenden wiederzugeben. Die Erfahrungen von Felix von B. in diesem Arbeitsschritt finden sie in Kap. 2.

Zusammenfassung: Nach Modul 1 verfügen die Teilnehmenden über alle notwendigen Kompetenzen um Modul 2 erfolgreich zu absolvieren. Dazu gehören

- erste Kompetenzen in Achtsamkeit, Erfahrung mit imaginativen Techniken
- die Fähigkeit, willentlich in spezifische Emotionen über Embodiment-Techniken einzutreten (Alba Emoting™),
- Erste Hypothese der persönlichen Emotionalen Überlebens- und Führungsstrategie
- Erste Hypothese der professionalisierten Führungsstrategie als erste Coaching-Ziel- Formulierung
- Vertrautheit innerhalb der Gruppe.

Bis zum nächsten Treffen (Modul 2), erhalten die Teilnehmenden die Aufgabe zu beobachten, ob zwischenzeitlich Situationen auftreten, in denen sich die Aussage der Emotionalen Führungsstrategie im Führungsalltag validieren lässt. Außerdem sollen täglich Achtsamkeitsübungen gemacht werden.

4.1.2 Modul 2: Präzisieren

In diesem Modul haben die Teilnehmenden nun die Gelegenheit Emotionsaktivierung durch eine selbst erlebte konkrete problematische Situation aus ihrem Führungsalltag zu erproben. Es sind gerade die problematischen Situationen, die anzeigen, wann wir an die Grenzen unseres bisherigen Verhaltensrepertoires stoßen und offensichtlich der Griff in eine emotionale Führungsstrategie dysfunktional wird. Der Versuch nach Kontrolle, in dem ungeliebte Emotionen unterdrückt und in Schach gehalten werden, ist mit extremer Anstrengung verbunden.

In der Gruppe wird die Möglichkeit genutzt, die ausgewählte kritische Situation mit den anderen Gruppenmitgliedern nachzustellen. Dies ist erlebnisaktivierend und erhöht durch die Fähigkeit unseres Gehirns zur Simulation die Wahrscheinlichkeit, dass sich die Person genau so fühlt wie in der real erlebten

Situation. Daran schließt sich der zentrale Schritt der Arbeit mit dem sogenannten „Hot-Spot" an. Der „Hot-Spot" einer problematischen Führungssituation ist der emotionale Moment innerhalb einer bestimmten Sequenz, dem die größte körperliche Beteiligung innewohnt. Er wird mithilfe von Achtsamkeit ermittelt und anschließend wie ein Tropfen unter dem Mikroskop in seine weiteren emotionalen Bestandteile zerlegt. Im weiteren Vorgehen werden die Emotionen, die im „Hot Spot" meist nur vorsprachlich diffus präsent sind, über Körpersignale aufgedeckt, dechiffriert und mit Embodiment-Techniken konfrontiert, sodass das gesamte Netzwerk der beteiligten Emotionen aktiviert wird. Es resultiert ein Pool unterschiedlicher beteiligter Emotionen, den wir Emotionale Ressourcen Pool (ERP) nennen.

Der große Vorteil dieser Arbeitsweise besteht darin, dass durch die Einbeziehung des Körpers mithilfe von Embodiment-Techniken das Erleben von primären und sekundären Emotionen (Greenberg und Kloosterziel 2016) unmittelbar erfahrbar wird. (Sie erinnern sich, dass wir bereits im Zusammenhang mit der Emotinalen Überlebensstrategie etwas theoretischer über primäre und sekundäre Emotionen gesprochen haben.) Das geht nicht nur schnell, sondern ist dank der Funktionsweise unseres Gehirns besonders nachhaltig. Häufig ist dieser Arbeitsschritt sehr intensiv, ermöglicht er mitunter ein vorsprachliches, da verkörpertes Verständnis eigener Regulationsmechanismen.

Felix von B. im Emotionalen Ressourcen Pool (ERP)
Mit dem Emotionalen Ressourcen Pool (ERP) konnte auch Felix von B. sich intensiver auf die Eigenart seines emotionalen Stresserlebens einlassen. Denn mit Reden und Denken allein kommt Felix von B. hier offensichtlich nicht recht weiter. Der von ihm beschriebene Stress stellt in großen Teilen ein vorsprachliches Phänomen dar. Er ist eher diffus, implizit und verkörpert. Die Rolle des Coaches ist hier die eines Moderators und Impulsgebers, der wertschätzend, validierend und auf Augenhöhe agiert. Er stellt seine methodische Expertise zur Verfügung. Der Coachee, hier Felix von B., ist und bleibt in jedem Moment der Experte für sein Leben und Erleben.

Es wurde schnell klar, dass die Herausforderung der neuen Position im Unternehmen (internationale Kontakte, Entlassungen von Mitarbeitern, strategische Entscheidungen) und dazu noch eine spezifische Schlüsselszene von größter Bedeutung für das Erleben von Felix von B. war. Es war dies eine Szene mit dem zuständigen Vorstand Personal: „Die nächsten Jahre werden so hart wie nie. Sie müssen unbedingt deutlich schneller werden!" Diese Worte hallen ständig in ihm nach, belasten ihn sehr und er spüre bei ihnen regelrecht ganzkörperliches Unwohlsein, sogar in diesem Moment, wenn er darüber spricht. „Sie müssen schneller werden" ist für die folgende Arbeit die emotionale Momentaufnahme, die wir Hot Spot nennen und die als Ausgangspunkt für die Arbeit mit dem ERP dient. Felix von B. wird deshalb gebeten, diesen Kern seines Stresserlebens (Hot Spot) mit einem Stellvertreter aus der Gruppe nachzustellen. Hierzu bittet er einen männlichen Teilnehmer als Vertreter für den Vorstand sich auf einen Stuhl zu stellen. Dann soll er laut und streng, mit deutlicher Körperspannung und zusammengekniffenen Augen nach unten blickend sagen: „Mach schneller, schneller, …". Felix von B. positioniert sich selbst vor ihm stehend, deutlich kleiner mit weit geöffneten Augen, leicht nach hinten gebeugt, mit stockendem Atem.

„Ja, so hat sich das angefühlt, so war es, ich rühre mich gar nicht und mein Chef steht bedrohlich über mir. Ich fühle mich so, als könne ich mich nicht bewegen, das kenne ich schon gut – nach außen wirke ich dann besonders ruhig."

Der Coach steht neben Felix von B. und leitet ihn ruhig an darauf zu achten, was jetzt im Körper ist, was sein Körper jetzt tun möchte. „Bleiben Sie bei Ihrem Körpererleben, was ist jetzt da, was möchte Ihr Körper in diesem Moment tun. Beschreiben Sie, wie intensiv ist das Gefühlte gerade, zieht es Sie vor oder zurück, nach oben oder nach unten? Was will das Gefühl von Ihnen?"

Im Vorfeld haben Coach und Coachee zwei für die Arbeit wesentliche Bereiche auf dem Boden markiert: Einen für den Emotionalen-Ressourcen-Pool (ERP) – als Raum für körperorientiertes Arbeiten (etwa 2×3 m) und einen für die Reflexion (groß genug, dass Coach und Coachee nebeneinander stehend gemeinsam reden können). Mithilfe einfacher Mittel wie Post-its und Kordeln sind die Positionen als Bereiche zuvor markiert worden. Zusätzlich sind zwei weitere Positionen definiert worden, die bei Bedarf als Regulationshilfen genutzt werden können: eine zur emotionalen Neutralisierung mithilfe der bekannten Step-Out-Technik aus dem Alba Emoting und eine, die bei Bedarf die Möglichkeit zum Übungsabbruch anzeigt (Hauke und Dall´Occhio 2015).

Bei Felix von B. trat, nachdem er für ca. 10 s in der beschriebenen Haltung zunächst verharrte, als erste Emotion die ihm wohlvertraute Angst auf: „Das ist bedrohlich, ich möchte hier weg, irgendwie nach hinten, weiter weg". Er gibt dem Impuls nach, geht einige Schritte zurück. Der Coach bleibt während des gesamten Prozesses an der Seite des Coachees, begleitet ihn sprichwörtlich. Wie zuvor besprochen notiert Felix von B. „Angst" als erste Emotion auf einen Zettel, den er auf dem Boden platziert (erste Emotion im ERP). Dann wechseln Coach und Felix von B. zu der Position, von der aus über das Geschehen reflektiert wird (top-down). Nach entsprechender Erklärung und Bezug auf das bereits vorhandene Wissen über die Dynamik und die Funktion von Emotionen wird er gebeten, sich nun auf den Platz für die Angst zu stellen, also zurück in den

Bereich des ERP zu wechseln. Mithilfe des bekannten Atemmusters für Angst aus dem Alba Emoting™ wird nun über den Körper eine Emotionsexposition erzielt. Nach ca. 20 s gibt Felix von B. an, nun sei ein neues Empfinden im Körper da. „Ich werde wütend." Also wird ein weiterer Zettel für die Wut auf dem Boden platziert (zweite Emotion im ERP). Bei dem Versuch, Wut mithilfe des entsprechenden Patterns zu verstärken, poppt eine Emotion auf, mit der er gar nicht gerechnet hat, „Traurigkeit" (dritte Emotion im ERP). Auf der Position für Reflexion berichtet Felix von B. deutlich berührt, wie im Kern erschüttert er aufgrund des Herzinfarktes über den Verlust seiner körperlichen Unversehrtheit ist und wie ihn das Thema Tod und Endlichkeit eingeholt haben. Er findet seine anfangs aufgetretene Angst in diesem Zusammenhang geradezu angemessen. Als Traurigkeit im ERP konfrontiert wurde, entsteht unverzüglich ein neues körperliches Erleben: Scham (vierte Emotion im ERP). Felix von B. beschreibt, er möchte im Boden versinken und nimmt impulshaft die Hände vor sein Gesicht. Auf der Reflexions-Position wird abgewogen, was er an diesem Punkt tun möchte und er entscheidet sich auch die Scham im ERP zu intensivieren. Dazu hockt er sich auf den Boden, nimmt die Hände vor sein Gesicht. „Das fühlt sich scheußlich an, ok, ich bleibe trotzdem dabei." Nach 45 s möchte er aufstehen, „verdammt jetzt reicht es hier unten" und auf die Position des Ärgers wechseln, wo sich nach kurzer Exposition ein angenehm warmes Gefühl im gesamten Körper, das er als „Dankbarkeit" bezeichnet (fünfte Emotion im ERP) einstellt. Gemeinsam versuchen wir, auch diese Emotion zu verstärken und nutzen dafür das bekannte Atemmuster für Zärtlichkeit aus dem Alba Emoting. Auf der Reflexions-Position spricht er darüber, welches Glück er hatte, dass er innerhalb kürzester Zeit nach dem Infarkt in einer Fachklinik versorgt und erfolgreich behandelt werden konnte. Auch fiel ihm ein, wie er sich freute, als seine Partnerin ihn im Krankenhaus besuchte. Bezogen auf die Emotionen im ERP wollte er spontan zwei weitere hinzufügen: „Freude" und „Stolz" (sechste und siebte Emotion im ERP). Auch diese Emotionen wurden notiert und mit Embodiment-Techniken konfrontiert. Zum Ende dieses Arbeitsschrittes, der insgesamt ca. 30 min dauerte, gibt Felix von B. an, körperlich wie mental in sehr positiver, entspannter Verfassung zu sein. Nach dem Erlebten folgt eine Neutralisierungsübung mit dem Step-out-Pattern für die gesamte Gruppe.

Wesentlich schien Felix von B. der Zusammenhang zwischen Angst und Wut.

Hier greift das Konzept primärer und sekundärer Emotionen. Auf der Position für Reflexion berichtet Felix von B. wie er es liebte, sich stets beliebt und geschätzt zu fühlen, empathisch zu sein und sich nicht potenziell gefährlichen Emotionen wie Ärger/Wut zu überlassen. Die vitalisierende Kraft seines Ärgers zu nutzen, also eine aufrechte, vielleicht sogar stolze Haltung einzunehmen, sich psychologisch groß zu machen, wäre die zuerst auftretende, hilfreiche Emotion gewesen. Dies hätte aber seinem Bedürfnis nach Schutz nicht entsprochen. Seiner Emotionalen Überlebensstrategie- und Führungsstrategie entspricht es, sich anzupassen, unterzuordnen, seine Kraft unbedingt zu unterdrücken. Er lernte ängstlich-vermeidend zu reagieren. Also nicht zu fordern, zu kämpfen, sich durchzusetzen oder die Distanz zu vergrößern. Vielmehr zeigte er Stress, Resignationstendenz, Gedankenkreisen verbunden mit Entscheidungsaufschub.

Nachdem Felix von B. Klarheit bezüglich seiner primären Emotion hatte, betrat er nach der oben beschriebenen Arbeit erneut die Position für Wut im ERP und modulierte Nähe und Distanz (1,5 m), Größe (gefühlt Augenhöhe) und Haltung (der rechte Arm ausgestreckt, die rechte Hand signalisiert Stop) so lange, bis er fand, ein stimmiges Embodiment gefunden zu haben. Dies war verbunden mit dem Wort: „genug", das er gegenüber dem Stellvertreter des Vorstandes, der „schneller" forderte, deutlich und bestimmt aussprach. Nun imitiert und synchronisiert die gesamte Gruppe dieses Embodiment als Sounding-Board (Eberhard-Kaechele 2010), Felix von B. beobachtet dies gemeinsam mit dem Coach und reagiert spontan: „Das ist eine ganz neue Erfahrung von Kraft und Zusammenhalt." Anschließend herrscht eine besonders gelöste und vitalisierende Stimmung in der Gruppe. Felix von B. erfährt jede Menge positiven Zuspruchs.

Im Anschluss wird jede Emotion aus dem ERP von einem Teilnehmenden aus der Gruppe vertreten, sodass eine Skulptur verschiedener Emotionen entsteht, die vom Protagonisten mit Körperhaltung, Stimme und einem typischen Satz moduliert werden.

Emotionsskulptur

Nach einer wohlverdienten Pause bildet die Übung mit der Emotionsskuptur den Abschluss des zweiten Moduls. Entsprechend den sieben Emotionen in seinem ERP wählt Felix von B. nun je einen Stellvertreter aus der Gruppe für die aufgetretenen Emotionen: Angst, Ärger, Traurigkeit, Scham, Dankbarkeit, Freude, Stolz. Dann entwickelt er für jede Emotion einen Satz, eine Haltung/Bewegung und gibt den Stellvertretern entsprechende Anweisungen, bis das gezeigte Embodiment für ihn stimmig ist:

- Der Stellvertreter der Angst sagt mit weit geöffneten Augen, die Hände schützend vor dem Gesicht, Achse nach hinten: „Ich schaffe das nicht."
- Der Stellvertreter des Ärgers sagt in der bekannten Weise: „Genug!"
- Der Stellvertreter der Traurigkeit sagt mit herabhängendem Kopf und Schulter, leicht schluchzend: „Ich bin angeschlagen."

- Der Stellvertreter der Scham sagt mit den Händen schützende vor dem Gesicht: „Ich bin ein Versager."
- Der Stellvertreter der Dankbarkeit sagt lächelnd mit klarer Stimme, aufrechter Haltung und mit dem Kopf zustimmend nickend: „Ich hatte Glück, ich bin gesund."
- Der Stellvertreter der Freude sagt lachend mit Schwung nach oben in Armen und Beinen: „Das Leben kann so schön sein."
- Der Stellvertreter des Stolzes sagt lächelnd, aufrecht, das Kinn leicht gehoben, beide Arme in den Hüften: „Ich habe viel erreicht."

Nun folgt ein Konzert der unterschiedlichen Stimmen mit verschiedenen Startern, dem Felix von B. in einer achtsamen Haltung folgt. Dann werden die Stellvertreter aus ihren Rollen entlassen. Es folgt eine Neutralisierungsübung für die gesamte Gruppe.

Schließlich wendet sich Felix von B. erneut der ursprünglichen Situation (Hot Spot) mit der Aussage des Vorstandes „Sie müssen schneller werden!" zu. Felix von B. lässt dies auf sich wirken und der Coach fragt: „Was ist jetzt da?" Hier stellt Felix von B. mit großem Erstaunen fest, wie unerwartet klar und entspannt er sich nun angesichts der kritischen Situation fühlt. Seine Haltung ist aufrecht, der Gesichtsausdruck entspannt. Felix von B. gibt an, die Worte lösen nun etwas ganz anders als zu Beginn in ihm aus. Er möchte dem Vorstand aus etwas größerer Distanz (ca. 2,5 m) und auf Augenhöhe entgegnen, „Ja, packen wir's an, das klingt nach einer guten Herausforderung."

In Modul 2 ist durch die Einbeziehung des Körpers bei der Analyse einer einzelnen kritischen Situation Akzeptanz für das eigene Erleben entstanden. Und Felix von B. wird offen für seine Zukunft und der Weg frei für anstehende Entscheidungen.

Zusammenfassung: Es handelt sich im wahrsten Sinne des Wortes um die Mikroanalyse einer Momentaufnahme. Jedoch, das ist das Faszinierende: in jedem Tropfen steckt das ganze Meer! Regelmäßig stellen die Teilnehmenden mit großem Erstaunen fest, wie unerwartet komplex der „Hot-Spot" sich in seiner emotionalen Vielfalt darstellt. Eine Situation löst eben nicht nur eine Emotion, sondern ein ganzes Bündel an Emotionen aus. In diesem Arbeitsschritt entsteht demnach emotionale Klarheit hinsichtlich der „Emotionsfamilie", die sich im „Hot-Spot" verbirgt. Aus diesem Blickwinkel entsteht mehr Verständnis und Akzeptanz für das eigene Verhalten und Stresserleben. So gewinnen die Teilnehmenden ein mitunter völlig neues oder erweitertes Verständnis ihres Erlebens (Akkommodation) und erfahren dabei, wie Körper, Emotionen, Denken, Entscheiden und Handeln eine untrennbare Einheit darstellen. Mit dem ERP wird in Modul 2 die Baseline für den anstehenden Veränderungsprozess gelegt.

Spezifische Emotionen sollen ausgewählt werden, um diesen Veränderungsprozess konstruktiv auf das gewünschte Ziel hin zu gestalten. Emotionen werden so zu echten Ressourcen für die Zielerreichung!

Die Aufgabe bis zum nächsten Treffen besteht darin, weiterhin täglich Achtsamkeitsübungen durchzuführen.

4.1.3 Modul 3: Handeln und Verändern

In Modul 3 wird der Blickwinkel, im Gegensatz zu der sehr konkreten Arbeit an einem „Hot Spot" in Modul 2, erweitert: Hier beschäftigen wir uns mit Werten als abstrakteren Konstrukten. Sie legen fest, wer oder wie man sein will. Dies betrifft eine höhere Hierarchieebene nach Carver und Scheier (1998) mit höherem Abstraktionsgrad (z. B. „ein lustvoll kämpfender Mensch sein wollen"). Werte sind als abstrakte Ziele zu sehen und nehmen innerhalb der Zielhierarchie die Position von Be-Goals, d. h. Haltungszielen ein. Ihre wichtige Funktion entfalten sie insbesondere dann, wenn sie über Embodiment-Techniken zu echten gefühlten, verkörperten und verinnerlichten Werten werden. Dann wirken sie bis auf die unteren konkreten Verhaltensprogramme auf der Ebene der Do-Goals (Programme und Sequenzen: z. B. Ärger zeigen; Stimme heben, kurze Sätze, aufrechte Haltung).

Persönliche Werte repräsentieren zeitlich stabile Überzeugungen, die immer mit Emotionen verbunden und stets positiv konnotiert sind. Deshalb sind Werte Motivationsquellen, die unsere Aufmerksamkeit und Wahrnehmung steuern. Zudem sind Werte zeitlich relativ stabil, sie prägen die Identität von Führungskräften und färben deren Selbstdarstellung, wodurch sie als Leitlinien des Führungshandelns fungieren.

In dem dritten Modul erleben die Teilnehmenden, wie persönliche Werte mit imaginativen Verfahren über den Körper erlebbar gemacht werden. So sinkt das Stresslevel und neue Erfahrungen lassen sich besser integrieren.

Felix von B. spürt im Verlauf des SBEAT®-Prozesses früh und instinktiv, dass es sich für Ihn um ein existentielles Thema handelt. Welchen Werten möchte er sich verpflichten? Was soll seinen Leben Sinn und Richtung geben? In Modul 3 findet er mit dem Werte-Thema wichtige Antworten.

> „Ich möchte insgesamt in meinem Leben lustvoller kämpfen, mich mehr trauen, leichter und intuitiver sein. Heute bin ich überzeugt, der tägliche Trott meiner beruflichen Tätigkeit hat mich gerade so frustriert und gestresst. Ich möchte mehr Regie in meinem Leben übernehmen. Ich möchte mehr entscheiden und mich freier fühlen

können. Das Drehen im Hamsterrad mit der Unterdrückung meines Ärgers und anderer ungeliebter Emotionen wie Traurigkeit und Scham haben mich viel Kraft gekostet und meinen Stress ausgemacht. Ich habe zu werteinseitig gelebt, immer nur Leistung bringen und funktionieren. So will ich nicht mehr leben."

„Lustvoll kämpfen" schien ihm ein geeignetes Motto für seine Zukunft und sollte bei der Auswahl eines persönlichen Entwicklungsprojekts für ihn als Überschrift dienen. Damit diese Haltung als gefühlter Wert eine handlungswirksame Ressource werden kann, erfolgte zunächst als Gruppenimagination die Auswahl einer Situation, in der jeder Teilnehmer seinen individuellen Wert irgendwann in der Vergangenheit einmal besonders wohltuend und kraftvoll gespürt hatte. Für Felix von B. war dies eine Situation während einer Korsika-Umsegelung mit einem Katamaran mit Freunden vor vielen Jahren. Die Sonne schien, kräftiger Wind, er hält die Leinen des Segels fest und spürt Kraft und Gemeinschaft.

Im Anschluss an die Imagination entwickelte er in Analogie zu seinem Motto ein Embodiment („Daumen hoch"), suchte ein Symbol (beiges Halstuch) und einen Song (Iggy Pop: Passenger), um das Erarbeitete als Ressource multimodal zu verankern und punktgenau abrufen zu können. Die Arbeit in der Gruppe bietet zusätzlich zum verbalen Feedback Möglichkeiten des Spiegelns und Synchronisierens. Hier hat die Gruppe gemeinsam den Song angehört und spontan das Tanzen angefangen. Ohne Worte, dass dies eine neue Erfahrung war, die aus heutiger Sicht eindrücklich in Richtung nachhaltiger Entwicklung wirkte.

Felix von B. entscheidet sich für sein zentrales Projekt, die Herausforderung der neuen Stelle anzunehmen. Schritt für Schritt erfolgt eine konkretere Planung, z. B. des erneuten Gesprächs mit dem Vorstand inklusive Gehaltsverhandlungen. Diesen Schritt hat Felix von B. in Kleingruppenarbeit geplant und mit Rollenspielen vorbereitet. Dabei werden gleichzeitig spezifische Fertigkeiten vermittelt, wie das Ansprechen schwieriger Themen oder das angemessene Ausdrücken von Forderungen. Felix von B. sollte nicht leichtfertig in dieses Gespräch gehen, denn der Vorstand war bereits ungeduldig. Deshalb wurde er auch angeleitet, Verhaltensoptionen für einen schwierigen Verlauf bzw. für ein Scheitern des Gesprächs zu entwickeln. Dabei war es Felix von B. wichtig, sich bewusst von seinem Muster der grenzenlosen Verausgabung und des „sich klein Machens" zu verabschieden, was seiner Entwicklung in Richtung auf vormals „verbotene" emotionale Bereiche gleichkommt.

Der weitere Prozess wurde in regelmäßigen Gruppen-Supervisionen über den Zeitraum von einem Jahr begleitet.

Die Arbeit wird mit der Systematik von Schwartz (1992, 2012), einem renommierten israelischen Werteforscher, konkretisiert. Nach seinem Modell lassen sich nach statistischen und inhaltlichen Gesichtspunkten zehn verschiedene Arten von Werten unterscheiden.

- Macht
- Leistung
- Hedonismus
- Anregung
- Selbstverwirklichung
- Universalismus
- Wohlwollen
- Tradition und Konformität
- Sicherheit

Zudem kann der Wertekreis in vier Wertebereiche höherer Ordnung eingeteilt werden:

- Wertedomäne des Erhaltens
- Wertedomäne des Veränderns
- Wertedomäne, die sich auf die Stärkung des Selbst bezieht
- Wertedomäne, die sich auf die Stärkung anderer Personen bezieht

Gelingende Führung hängt ganz maßgeblich davon ab, Wertekonflikte konstruktiv zu lösen. Bestimmte Wertorientierungen passen auf Anhieb zusammen (z. B. Leistung und Macht). Andere Wertorientierungen stehen sich aufgrund ihrer gegensätzlichen Zielrichtung scheinbar unvereinbar gegenüber (z. B. Macht und Wohlwollen). Damit ist eine wichtige Aufgabe der Arbeit im SBEAT® angesprochen: die Berücksichtigung aller Wertedomänen und damit die Entschärfung von Wertkonflikten in der Person. Es geht in diesem Arbeitsschritt also um das Erarbeiten und Unterstützen des „Sowohl-als-auch" antagonistischer Wertedomänen (Hauke und Flies 2017).

So wird für den jeweils eigenen Führungsstil eine Werteanalyse vorgenommen mit deren Hilfe sowohl eine Entwicklungsrichtung wie auch eine konkrete individuelle Werthaltung entwickelt werden. Dieser Prozess ist sehr motivierend und gibt Sicherheit bezüglich angemessener Ziele für die weitere Entwicklung als Führungskraft. Es werden Werte und Emotionen kombiniert und so dosiert, dass ausreichend vitalisierende Kraft für die Zielerreichung gespürt wird. Die Unterstützung und Kreativität der Gruppe sowie die Ressourcenaktivierung mit Haltungszielen sorgt in den Teilnehmenden für die Aufbruchsstimmung, die sie bei ihrem Weg über ihren persönlichen Rubikon benötigen.

Im Zusammenhang mit der Wertearbeit und den Ergebnissen aus der Arbeit mit dem ERP entscheiden sich die Teilnehmenden für ihr persönliches Entwicklungsprojekt, das sie in Ihrem Führungsalltag umsetzen wollen. Merkmale solcher Projekte sind:

- Sie verlangen von der Führungskraft gegen die Emotionale Überlebensstrategie zu verstoßen, also die eigene Komfortzone zu verlassen und für mehr Wertebalance zu sorgen.
- Es werden gezielt spezifische Emotionen definiert, die als Ressource aktiviert werden.
- Es ist eine verkörperte Wertorientierung vorhanden, die motivierenden Charakter hat.
- Die Zielerreichung unterliegt zu 100 % der eigenen Kontrolle.
- Es wird ein Ablaufplan erstellt.
- Dann heißt es: Üben, üben, üben: Handeln gegen die Emotionale Überlebensstrategie!
- Wichtig: Worst-Case-Betrachtung.

Im Anschluss werden die Projekte bei der Umsetzung im Führungsalltag regelmäßig supervidiert.

Zusammenfassung: Waren bislang die Grundlagen erfolgreicher Führung in den Wertedomänen Status und Macht verankert, fordert das Leadership 4.0 Teamfähigkeit, Offenheit für Feedback, Fehlerkultur und Empathie -kurz: Emotionale Intelligenz. Zunehmender wirtschaftlicher Druck, technischer Wandel und neue Märkte zeigen ihre Auswirkungen im Stresserleben vieler Führungskräfte und lassen sich gut sich als Wertekonflikte darstellen. Die Arbeit mit Werten bringt den Vorteil des Perspektivenwechsels und kommt einer Distanzierungstechnik gleich. So kann im Coaching bei der Umsetzung der Ziele auf Balance unterschiedlicher Werte geachtet werden. Zu kraftvollen Ressourcen werden sie, indem sie mithilfe somatischer Marker an vitalisierende Erfahrungen gekoppelt werden.

Wer sich mit dem SBEAT® auf den Weg macht wird erstaunt sein, wie schnell größere emotionale Bewusstheit über eigenes Führungsverhalten als Basis für angestrebte Veränderungen in Richtung mehr Agilität, Authentizität und Empathie entsteht. Das SBEAT® wird als 1:1 Coaching, als Gruppenformat für Führungskräfte und als Ausbildungsformat für erfahrene Coaches angeboten.

Insgesamt zielt die Arbeitsweise im SBEAT® darauf ab, nachhaltig positive Effekte auf die Emotionsregulation von Führungskräften zu erzielen. Dabei betrifft Emotionsregulation verschiedene Aspekte: emotionale Bewusstheit, emotionale Klarheit und Differenzierungsfähigkeit, Empathie, Akzeptanz und emotionale

Flexibilität. Das Training macht sich die Erkenntnisse von der Bedeutsamkeit sowie die Funktion von Emotionen zu Nutze und verfolgt in einen integrativen lösungsorientierten Ansatz die fünf Wirkfaktoren nach Grawe (2004): Beziehung, Ressourcenaktivierung, Problemaktualisierung, motivationale Klärung und Problembewältigung. SBEAT® setzt dabei die Embodiment-Perspektive ein und weist dem Körper eine bedeutsame Rolle zu. Entsprechend dem „Vier-Ebenen-Modell" (Roth und Ryba 2019) wird das SBEAT® der Tatsache gerecht, dass es verschiedene Gedächtnisarten gibt. Deshalb werden in allen Modulen die subjektive Befindlichkeit, das Verhalten und der Körper gleichermaßen berücksichtigt.

Nach ersten erfreulichen Ergebnissen einer eigenen Pilotstudie mit 16 Teilnehmenden (Flies et al. 2019), sind breiter angelegte Möglichkeiten der Wirksamkeitsprüfung notwendig und wünschenswert.

Ausblick

5

Coaching mit Embodiment kann überall da gewinnbringend eingesetzt werden, wo Führungskräfte eine agile und interaktive Unternehmenskultur gestalten wollen. Hierfür braucht es eine neue Art der Führung, die gekennzeichnet ist durch Emotionale Intelligenz (Goleman 1995). Bis heute mangelt es an geeigneten Ansätzen, diese in Coachings systematisch und nachhaltig zu entwickeln. Embodied Leadership Programme, wie das SBEAT®, sind ein Beitrag, diese Lücke zu schließen. Mithilfe des Körpers werden Emotionen sprichwörtlich am Schopfe gepackt. Die emotionsaktivierende Arbeitsweise sorgt zudem für gelingenden Transfer der Coaching-Erfahrung in den Führungsalltag.

Führungskräfte in der VUKA-Welt profitieren von Coaching-Formaten, die das Wesen so tiefgreifender Veränderung umfänglich aufgreifen. Dies geschieht in jedem einzelnen Individuum und erfordert Mut! Ein Coaching mit Emotionen eignet sich für jene Führungskräfte, die bereit sind, mit ihrem eigenen Mindset zu arbeiten. Das sind Führungskräfte, die nicht nur mehr über Führung wissen wollen, sondern solche, die die Herausforderungen der Arbeitswelt 4.0 mutig annehmen und durch persönliche Entwicklung echtes Leadership anstreben.

Gerade Frauen sind in Führungspositionen bis heute drastisch unterrepräsentiert (Tonn 2014). Sie profitieren in besonderer Weise von dem Coaching mit Embodiment. Häufig gilt, dass die Fähigkeiten, die sie in Top Führungspositionen gebracht haben, nicht mehr die sind, die sie benötigen, wenn sie dort angekommen sind. Wird im Coaching gegen den Griff der Emotionalen Überlebensstrategie gearbeitet, können neue Handlungsoptionen wirkungsvoll entwickelt und gefestigt werden.

Neben dem Trend zunehmender Digitalisierung im Coaching kann die Entscheidung für ein hochindividuelles, mit allen Sinnen erfahrbares Coaching, gerade im Bereich des Managements, indiziert sein: praxisnah, pragmatisch und

© Springer Fachmedien Wiesbaden GmbH, ein Teil von Springer Nature 2020   35
E. Flies, *Embodiment und Emotionen im Coaching 4.0*, essentials,
https://doi.org/10.1007/978-3-658-30808-7_5

zielorientiert. Das Gelingen der Führung in den Top-Etagen der Wirtschaft trägt entscheidend dazu bei, dass die neue Kultur entstehen kann, die benötigt wird, damit die digitale Transformation gelingt.

Zum Schluss, liebe Leserin und lieber Leser, danke ich Ihnen für Ihr Interesse am Thema Embodiment und Emotionen im Coaching 4.0. Seit ich Ihnen im Vorwort über einen inspirierenden Sommerabend mit Freunden in einem schönen Bonner Garten berichtet habe, sind nur wenige Monate vergangen. Dennoch ist unser Alltag durch die Corona Pandemie stark verändert. Wir befinden uns in einer weltweiten Krise.

„Zum Umgang mit Krisen oder krisenhaften Situationen gab und gibt es insbesondere aktuell eine Vielzahl von plausibel klingenden Tipps. Die meisten Hinweise dazu sind aber eher „technischer" Natur und versuchen ein emotional besetztes Thema rational zu klären. Emotionen kann man aber nicht dauerhaft „wegdrücken". Sie bedürfen einer anderen Form der Auseinandersetzung." (Rauen 2020, S. 1–3)

Besonders in Zeiten schwerer Krisen, sind Coaching Formate, die nicht einseitig auf rationale Analyse und Reflexion fokussieren, von hohem Mehrwert. Ein Coaching mit Embodiment und Emotionen kann für Betroffene unterstützend eingesetzt werden, mutig, ressourcen- und lösungsorientiert auch schwere Krisen zu meistern. Psychotherapeutische Expertise von Coaches avanciert zu einem wichtiges Qualitätsmerkmal. Ich teile hierzu die Meinung Yalom's, die er im Zusammenhang mit Encounter-Gruppen so auf den Punkt bringt: „Therapie ist zu gut, um nur für Kranke da zu sein" (Yalom 2019, S. 173).

Wer als Coach auch im Umgang mit intensiven Emotionen professionell zu intervenieren weiß, hat gute Chancen, kreative wie erfolgreiche neue Wege zu finden. Denken Sie nur an Felix von B.!

Auch in seinem privaten Leben ist es zu größeren Veränderungen gekommen. Er hat seine Partnerin geheiratet, Familie gegründet und ein Haus gekauft. Heute hat das Paar zwei Söhne. Felix von B.'s Gesundheit ist stabil. Seine berufliche Entwicklung gestaltet er weiter mutig und kreativ. „Nicht nur meine Definition von Führung und Erfolg hat sich verändert, mein ganzes Leben hat sich verändert. Ich habe mich weiter entwickelt und bin sogar über mich hinausgewachsen."

Was Sie aus diesem *essential* mitnehmen können

- Warum es so interessant ist, wissenschaftliche Befunde der Embodiment-Forschung im Coaching für mehr Agilität in der Führung zu nutzen.
- Wie es mithilfe des Körpers gelingt, dass Führungskräfte im Coaching einen völlig neuen Zugang zu ihren Emotionen finden.
- Wozu optimierte Emotionsregulation der Führungskräfte in der VUKA-Welt nützlich ist.
- Was das Coaching-Format SBEAT® beinhaltet.
- Wie Empathie, Authentizität, Beziehungsfähigkeit nachhaltig gefördert werden und gleichzeitig Stress nachlässt.
- Vielleicht die Lust, ein Coaching mit Embodiment in Aktion zu erleben!

E. Flies, *Embodiment und Emotionen im Coaching 4.0,* essentials,
https://doi.org/10.1007/978-3-658-30808-7

Literatur

Barsalou, L. W. (2016). Situated conceptualization: theory and application. In Y. Coello & M. H. Fischer (Eds.), *Perceptual and emotional embodiment* (A Psychology press book, / edited by Yann Coello and Martin H. Fischer; *Volume 1, pp. 11–37). London: Routledge.*

Bloch, S., Orthous P. & Santibanez G. (1987). A Psychological Method of Training Actors. *Journal of Social and Biological Structure 10*, 1–19.

Bloch, S. (2017). *Alba Emoting – a scientific method for emotional induction (2nd revised edition).* Santiago: Editiones Ultramarionos PSE.

Carney, D. R., Cuddy, A. J. C. & Yap, A. J. (2010). Power posing: brief nonverbal displays affect neuroendocrine levels and risk tolerance. *Psychological science, 21* (10), 1363–1368.

Carver, C. S. & Scheier, M. (1998). *On the self-regulation of behavior.* Cambridge: Cambridge University Press.

Damasio, A. R. (2005). *Der Spinoza-Effekt. Wie Gefühle unser Leben bestimmen* (List-Taschenbuch, Bd. 60494). Berlin: List.

Damasio, A. R. (2015). *Descartes' Irrtum. Fühlen, Denken und das menschliche Gehirn* (List-Taschenbuch, Bd. 60443, 8. Aufl.). München: List.

Eberhard-Kaechele, M. (2010). Spiegelungsvorgänge in der Tanzthera pie/Körperpsychotherapie. In S. Bender (Hrsg.), *Bewegungsanalyse von Interaktionen. Kongressband des 2. Internationalen Kongresses zur Bewegungsanalyse in Erziehung, Therapie und Forschung Moving from Within, der vom 24.–26. Juli 2010 in Freising bei München stattfand] = Movement analysis of interaction* (S. 193–212). Berlin: Logos-Verl.

Flies, E. (2019). *Embodiment und Emotionen im Coaching: Das Strategisch-Behaviral-Emotionsaktivierende Gruppentraining (SBEAT®).* Coaching-Newsletter (6).

Flies, E., Schmidt, A. & Chwallek, K (2019). *Reduction of depression and anxiety with the Group Format of Emotional Activation Therapy (G-EAT). Poster auf dem 9th World Congress of Behavioral and Cognitive Therapies,* 17. 20.07.2019, Berlin.

Fogel, A. (2013). *Selbstwahrnehmung und Embodiment in der Körperpsychotherapie. Vom Körpergefühl zur Kognition; Deutsche Übersetzung und Bearbeitung von Helmi Boese* (Körperpsychotherapie, Verhaltenstherapie, 1. Aufl.). s.l.: Schattauer GmbH Verlag für Medizin und Naturwissenschaften. Verfügbar unter http://www.content-select.com/index.php?id=bib_view&ean=9783608267884.

© Springer Fachmedien Wiesbaden GmbH, ein Teil von Springer Nature 2020

E. Flies, *Embodiment und Emotionen im Coaching 4.0,* essentials, https://doi.org/10.1007/978-3-658-30808-7

Goleman, D. (1995). *Emotional intelligence*. New York: Bantam Books.

Grawe, K. (2000). *Psychologische Therapie* (2., korrigierte Aufl.). Göttingen: Hogrefe Verl. für Psychologie.

Grawe, K. (2004). *Neuropsychotherapie*. Göttingen: Hogrefe. Verfügbar unter http://elibrary.hogrefe.de/9783840918049/1.

Greenberg, L. S. & Kloosterziel, R. (2016). *Emotionsfokussierte Therapie* (Wege der Psychotherapie, 2. Auflage). München: Ernst Reinhardt Verlag.

Hauke, G. & Dall´Occhio, M. (Hrsg.). (2015). *Emotionale Aktivierungstherapie (EAT). Embodimenttechniken im Emotionalen Feld.* Stuttgart: Schattauer GmbH Verlag für Medizin und Naturwissenschaften.

Hauke, G. & Flies, E. (2017). Wertekonflikte als Herausforderung und Chance: Strategisches Coaching im klinischen Setting. In F. Riffer et al. (Hrsg.), *Die Vielgestaltigkeit der Psychosomatik* S. 47–57. Berlin: Springer.

Hauke, G., Lohr, C. & Pietrzak, T. (2017). *Strategisches Coaching: Emotionale Aktivierung durch Embodimenttechniken.* Paderborn: Junfermann.

Heller, J. (Hrsg.). (2019). *Resilienz für die VUCA-Welt. Individuelle und organisationale Resilienz entwickeln.* Wiesbaden: Springer Fachmedien Wiesbaden. Verfügbar unter https://doi.org/10.1007/978-3-658-21044-1.

Hofert, S. (2019). *Mindshift. Mach dich fit für die Arbeitswelt von morgen.*

Kabat-Zinn, J. (2013). *Gesund durch Meditation. Das vollständige Grundlagenwerk zu MBSR* (Vollständig überarbeitete Neuausgabe). München: O.W. Barth.

LeDoux, J. E. (2003). *Synaptic self. How our brains become who we are.* New York: Penguin.

Lohr, C., Flies, E. & Hauke, G. (2017). Geschieht Emotionsregulation im Kopf? – Auf dem Weg zu einer Embodimentperspektive in der kognitiven Verhaltenstherapie. *Psychotherapie, 22* (1), 190–209.

Nummenmaa, L., Glerean, E., Viinikainen, M., Jääskeläinen, I. P., Hari, R. & Sams, M. (2012). Emotions promote social interaction by synchronizing brain activity across individuals. *Proceedings of the National Academy of Sciences of the United States of America, 109* (24), 9599–9604.

Rauen, C. (2020). Coaching in Zeiten der Krise. *Coaching Newsletter* (3).

Roth, G. & Ryba, A. (2019). Die Grundlagen des integrativen, neurobiologisch fundierten Coaching. In A. Ryba & G. Roth (Hrsg.), *Coaching und Beratung in der Praxis. Ein neurowissenschaftlich fundiertes Integrationsmodell* (Fachbuch Klett-Cotta, S. 485–512). Stuttgart: Klett-Cotta.

Schneider, W. & Lindenberger, U. (Hrsg.). (2018). *Entwicklungspsychologie* (8., überarbeitete Auflage). Weinheim: Beltz. Verfügbar unter http://www.beltz.de/de/nc/verlagsgruppe-beltz/gesamtprogramm.html?isbn=978-3-621-28453-0.

Schwartz, S. H. (1992). Universals in the Content and Structure of Values: Theoretical Advances and Empirical Tests in 20 Countries. In M. Zann (Hrsg.), *Advances in Experimental Social Psychology Volume 25* (Advances in Experimental Social Psychology, Bd. 25, S. 1–65). Elsevier.

Schwartz, S. H., Cieciuch, J., Vecchione, M., Davidov, E., Fischer, R., Beierlein, C. et al. (2012). Refining the theory of basic individual values. *Journal of personality and social psychology, 103* (4), 663–688.

Skerry, A. E. & Saxe, R. (2015). Neural representations of emotion are organized around abstract event features. *Current biology : CB, 25* (15), 1945–1954.

Sulz, S. K. D. (1994). *Strategische Kurzzeittherapie. Wege zur effizienten Psychotherapie.* München: CIP-Medien.

Sulz, S.K.D. & Burkhardt, S. (2014). Das Coaching-Fall Buch. München:CIP-Medien.

Sulz, S. K. D. (2017). *Gute Verhaltenstherapie lernen und beherrschen. Band 1 Verhaltenstherapie-Wissen* (1. Auflage). München: CIP-Medien.

Tonn, J. J. (2014). *Frauen in Führungspositionen* (Research). Dissertation.

Yalom, I. D. (2019). *Wie man wird, was man ist. Memoiren eines Psychotherapeuten.* München: btb.